DIE KREOLISCHE KÜCHE

Babette de Rozières

Fotos Akiko Ida & Pierre Javelle

DIE KREOLISCHE KÜCHE

160 exotische Rezepte

CHRISTIAN

INHALT

EINFÜHRUNG 7

FISCH & MEERESFRÜCHTE 8

FLEISCH & GEFLÜGEL 120

GEMÜSE ... ODER FRÜCHTE? 192

SAUCEN 232

DESSERTS & SÜSSIGKEITEN 242

TI'PUNCH & CO. 323

ANHANG 353

GLOSSAR 354

VERZEICHNIS DER REZEPTE 357

»ICH STAMME AUS GUADELOUPE, WO DIE SCHÖNHEIT DER NATUR DEN EIFER EIN WENIG BREMST UND DIE LEBENSFREUDE WECKT. DIE KÜCHE DER ANTILLEN IST EINE GEWACHSENE KÜCHE, SIE IST TEIL DES FAMILIÄREN ERBES. ES GIBT KEINE FESTEN ESSENSZEITEN. IRGENDETWAS ZUM NASCHEN STEHT PRAKTISCH IMMER IN REICHWEITE: FRÜCHTE, EIN PAAR SÜSSE ODER SALZIGE KRAPFEN, ZUCKERROHRSAFT, EIN KOKOSSORBET ODER KILIBIBI, UNSERE VERSION DES POPCORNS … DIE BEWOHNER DER ANTILLEN, DIE ›ANTILLAIS‹, SIND VON NATUR AUS GOURMANDS.

Heute bin ich Küchenchefin in meinem Restaurant in Paris. Es war meine Großmutter, die mich in die Finessen der kreolischen Küche einweihte, und ein kleines Laster, das mir ihre Geheimnisse hautnah brachte: Immer wenn sie mir den Rücken zukehrte, rührte ich in dem riesigen Topf herum, sodass ich fast hineinfiel, tauchte den Finger in die Sauce und schleckte ihn ab.

Inzwischen koche ich selbst so, wie es meine Großmutter mir beigebracht hat. Ich verwende die typischen Fische und Meeresfrüchte der Karibik – Goldmakrele, Schwertfisch, Snapper, Haifisch, Krake und Meeresschnecken. Eine Vielzahl verschiedener Kräuter sorgt für aromatische Saucen, darunter Frühlingszwiebeln, Thymian, Petersilie und Pimentblätter, der ›Westindische Lorbeer‹. Aber auch Gewürze, von dem berühmten Colombo*, dem Curry der Antillen, bis zu den typischen *graines à roussir*, spielen eine wichtige Rolle. Denn im richtigen Würzen, aber auch im Einlegen und Marinieren der Zutaten vor dem Garen liegt das ganze Geheimnis der kreolischen Küche. Es verleiht ihr das charakteristische und unverwechselbare Aroma.

Die kreolische Küche ist ein buntes Gemisch unterschiedlichster Einflüsse, hervorgegangen aus einer wechselvollen Geschichte. Sie spiegelt die ganze kulturelle und ethnische Vielfalt der Kolonisatoren und Siedler aus Asien, Afrika, Europa und der Karibik. Dennoch ist sie eine regionale Küche, kräftig und würzig, die von vielen erst entdeckt wird. Ihre Geheimnisse zu wahren wird immer schwieriger. Sie ist außerdem eine feine und leichte Küche, denn sie verwendet kaum Butter oder Sahne. Von der Natur verwöhnt, reicht ihr Repertoire mittlerweile weit über die traditionellen süßscharfen Speisen hinaus. Sie ist auch nicht übermäßig scharf, denn die notorischen Chilis werden meist getrennt dazu serviert, sodass jeder selbst nach Lust und Laune davon nehmen kann. So gilt die Küche der Antillen nicht zuletzt auch als bekömmlich und ausgewogen.

Erlebt man diese Küche, arbeiten alle Sinne auf Hochtouren. Gaumen und Nase werden ständig umworben und angeregt. Man ist immer wieder überrascht, aber nie enttäuscht. Kreolische Küche weckt die Lebensgeister und lässt niemals gleichgültig. Ihr Duft, der so angenehm die Nase kitzelt, verheißt Genuss. Und ist man ihrem Charme erst einmal erlegen, vergisst man sie nie.«

Typische Zutaten sowie Namen und Wissenswertes aus dem Küchenlatein der Antillen sind mit einem Sternchen versehen und in einem Glossar auf Seite 354 näher erklärt.

FISCH &
MEERESFRÜCHTE

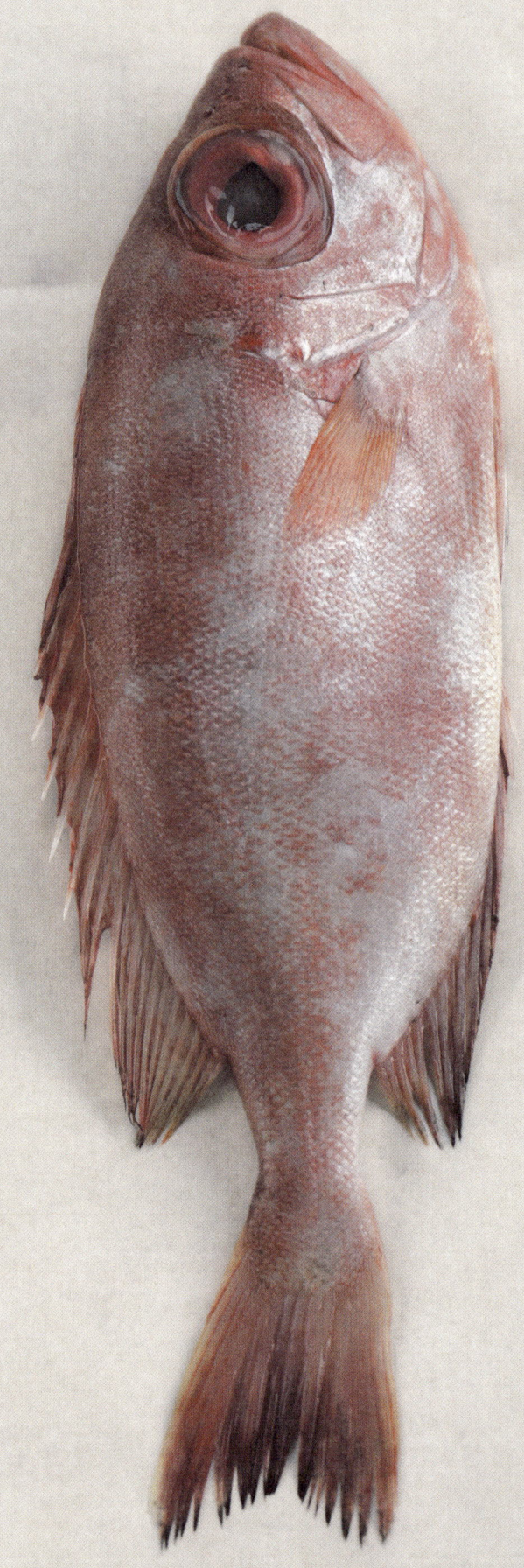

1 Großaugenbarsch, Karibik Bigeye
(*soleil*)

2 Gelbschwanzschnapper (*colas*)

3 Verschiedene Fische der Antillen ...

4 Stachelmakrele (*carangue*)

5 Spanischer Schweinslippfisch;
Spanish Hogfish (*pourceau*)

6 Karibische Landkrabbe (*crabe de terre*)

7 Goldmakrele (*dorade coryphène*)

8 Riesenflügelschnecke, Conch (*lambi*)

9 Felsschönheit, Dreifarben-Kaiserfisch,
Rock Beauty (*ange des Caraïbes*)

10 Krake (*chatrou*)

11 Blauer Papageifisch (*perroquet bleu*)

12 Languste (*langouste*)

13 Languste (*langouste*)

14 Karibische Landkrabben
(*crabes de terre*)

15 Königin-Drückerfisch (*baliste vétule*)

16 Makrele (*maquereau*)

17 Eichhörnchenfisch (*cardinal*)

18 Kofferfisch (*poisson coffre*)

19 Coney; Erdbeergrouper;
Juwelen-Zackenbarsch (*tanche*)

20 Doktorfisch (*chirurgien*)

21 Roter Papageifisch (*perroquet rose*)

22 Grunzer (*gorette*)

23 Roter Zackenbarsch (*grand gueule*)

24 Kleiner Schnapper (*petit vivaneau*)

25 Klippfisch (*morue salée*)

2

3

4

5

6

7

8

9

10

11

12

16

17

18

19

20

21

22

23

24

25

Klippfischbällchen à la Babette

Wässern: 24 Stunden ▪ Vorbereitung: 20 Minuten ▪ Kühlzeit: 24 Stunden ▪ Garzeit: 10 Minuten ▪ Für 4 Personen

400 g Klippfisch ohne Gräten
1 Zwiebel
2 Frühlingszwiebeln
4 Knoblauchzehen
1 Zweig glatte Petersilie
300 g Mehl
250 ml Milch
¼ Habanero-Chili (*piment antillais**), fein gehackt
Salz und frisch gemahlener Pfeffer
1 Päckchen Backpulver
2 l Pflanzenöl zum Frittieren

Den Klippfisch in reichlich kaltem Wasser 24 Stunden einweichen. Das Wasser regelmäßig erneuern.

Am nächsten Tag den Fisch in sprudelnd kochendes Wasser legen, um weiteres überschüssiges Salz auszuschwemmen. Je nach Salzgehalt das Wasser mehrmals wechseln und den Vorgang so lange wiederholen, bis der Fisch einen Großteil seines Salzes abgegeben hat. Den Klippfisch abgießen und etwas abkühlen lassen. Etwaige Haut und verbliebene Gräten entfernen, das Fleisch zerpflücken und im Mixer pürieren. Die Zwiebel, die Frühlingszwiebeln, den Knoblauch und die Petersilie hacken.

In einer Schüssel das Mehl und die Milch mit einem Holzlöffel gründlich verrühren. Den pürierten Klippfisch, die Zwiebel, die Frühlingszwiebeln, die Petersilie und den Knoblauch untermengen und, falls nötig, mit etwas Salz und Pfeffer abschmecken. Die fein gehackte Chilischote zugeben, die Masse kräftig durchrühren und 24 Stunden im Kühlschrank durchziehen lassen.

Die Klippfischfarce 10 Minuten vor dem Verarbeiten noch einmal abschmecken und nötigenfalls nachwürzen. Das Backpulver zugeben und gleichmäßig in die Masse einarbeiten.

In einem Topf das Öl sehr heiß werden lassen. Die Farce mit einem Teelöffel in kleinen Bällchen abstechen, in das Öl gleiten lassen und goldgelb ausbacken. Sie sind gar, sobald sie an die Oberfläche steigen. Die Klippfischbällchen mit einem Schaumlöffel herausheben, auf Küchenpapier abtropfen lassen und heiß servieren.

Anmerkung: Klippfisch muss vor der Zubereitung grundsätzlich gewässert werden. Die Dauer hängt vom Salzgehalt und von der Dicke des Fisches ab. Um den Vorgang zu beschleunigen, sollte man das Wasser alle

4–6 Stunden erneuern.

Garnelenbällchen

Vorbereitung: 15 Minuten ▪ Ruhen: 30 Minuten ▪ Garzeit: 5 Minuten ▪
Für 8 Personen

3 Frühlingszwiebeln
1 Schalotte
1 Knoblauchzehe
1 Zweig Petersilie
500 g Tiefseegarnelen
200 g Mehl
¼ Habanero-Chili (*piment antillais**), fein gehackt
Salz und frisch gemahlener Pfeffer
½ Päckchen Backpulver
1 l Pflanzenöl zum Frittieren

Die Frühlingszwiebeln, die Schalotte, den Knoblauch und die Petersilie fein hacken und beiseite stellen.

Die Garnelen schälen, Köpfe und Schalen wegwerfen. In einer Schüssel das Mehl mit 200 Milliliter Wasser verrühren. Die Kräuter und den Chili untermischen, mit Salz und Pfeffer würzen und alles sorgfältig zu einem glatten Teig verrühren.

Das Backpulver unter den Backteig ziehen und die Garnelenschwänze hineingeben. Nochmals gründlich durchmischen und 30 Minuten ruhen lassen.

Das Öl in einem Topf sehr heiß werden lassen. Die teigumhüllten Garnelen mit einem Teelöffel einzeln in das heiße Öl geben und ausbacken, bis sie an die Oberfläche steigen und goldgelb sind. Die Garnelenbällchen mit einem Schaumlöffel herausheben, auf Küchenpapier abtropfen lassen und heiß servieren.

Knusprige Klippfischsäckchen

Wässern: 24 Stunden • Vorbereitung: 30 Minuten • Backzeit: 10 Minuten • Für 4 Personen

400 g Klippfisch ohne Gräten
1 Schalotte
2 Knoblauchzehen
½ Vogelaugen-Chili *(piment oiseau*)*
4 Frühlingszwiebeln oder
8 Schnittlauchhalme
1 Zweig Petersilie
2 Tomaten
2 EL Pflanzenöl, plus Öl zum Bestreichen
Salz und frisch gemahlener Pfeffer
4 Filoteigblätter

Den Klippfisch 24 Stunden in reichlich kaltem Wasser einweichen, bis ein Großteil seines Salzes ausgeschwemmt ist. Das Wasser zwischendurch immer wieder erneuern.

Den Ofen auf 200 °C vorheizen. Den Klippfisch abgießen, von Haut und eventuell verbliebenen Gräten befreien und zerpflücken. Die Schalotte, den Knoblauch, den Chili, die Frühlingszwiebeln und die Petersilie fein hacken. Die Tomaten in kleine Würfel schneiden. Beiseite stellen.

Das Öl in einer Pfanne erhitzen. Die Schalotte, den Knoblauch, den Chili, die Frühlingszwiebeln, die Petersilie und die Tomatenwürfel hineingeben und unter Rühren 10 Minuten anschwitzen. Den zerpflückten Klippfisch zugeben und mit Salz und Pfeffer würzen (je nach Salzgehalt des Klippfischs ist Salzen nicht mehr erforderlich). Die Mischung nochmals gut verrühren und vom Herd nehmen.

Die Filoteigblätter nebeneinander auf die Arbeitsfläche legen und mit Öl bestreichen. Die vorbereitete Füllung jeweils zu gleichen Teilen in die Mitte der Blätter setzen, die Teigränder darüber zusammenführen und mit Bast verschnüren, sodass kleine »Säckchen« entstehen. Im Ofen 10 Minuten backen und heiß servieren.

Anmerkung: Sie können die Teigblätter auch zerteilen und kleinere »Säckchen« portionieren. Zum Verschnüren sind neben Bast und Küchengarn auch Schnittlauchhalme oder feine Streifen Lauchgrün geeignet, die Sie kurz in kochendem Wasser blanchieren und anschließend kalt abschrecken.

Pikante Garnelensäckchen

Vorbereitung: 20 Minuten • Backzeit: 10 Minuten • Für 4 Personen

16 große Garnelen
1 Schalotte
1 Knoblauchzehe
10 Basilikumblätter
1 Zweig glatte Petersilie
¼ Vogelaugen-Chili (*piment oiseau**)
1 rote Paprikaschote
1 Zucchini
1 EL Olivenöl, plus Öl zum Bestreichen
Salz und frisch gemahlener Pfeffer
4 Filoteigblätter

Den Ofen auf 200 °C vorheizen. Die Garnelen schälen, von Köpfen und Därmen befreien und grob hacken. Die Schalotte, den Knoblauch, das Basilikum, die Petersilie und den Chili fein hacken. Die Paprika und die Zucchini fein würfeln.

Das Öl in einer Pfanne erhitzen. Die Schalotte, den Knoblauch sowie die Kräuter und den Chili hineingeben und bei schwacher Hitze farblos anschwitzen. Die gehackten Garnelenschwänze, die Paprika und die Zucchini hinzufügen, mit Salz und Pfeffer würzen und unter gelegentlichem Rühren 5 Minuten garen.

Die Filoteigblätter nebeneinander auf die Arbeitsfläche legen und mit Öl bestreichen. Die vorbereitete Füllung jeweils zu gleichen Teilen in die Mitte der Blätter setzen, die Teigränder darüber zusammenführen, sodass kleine »Säckchen« entstehen, und mit Bast (oder blanchierten Lauchstreifen) verschnüren. (Sie können die Teigblätter auch zerteilen und kleinere Säckchen zubereiten.) Im Ofen 10 Minuten backen und heiß servieren.

Frittierte Tintenfischringe

Vorbereitung: 20 Minuten • Garzeit: 5 Minuten • Für 4 Personen

600 g Kalmartuben
100 g Mehl
1 TL Cayennepfeffer
Salz und frisch gemahlener
Pfeffer
1 l Pflanzenöl zum Frittieren

Die Kalmartuben von innen und außen gründlich waschen, trockentupfen und in feine Ringe schneiden. Beiseite stellen. Das Mehl und
den Cayennepfeffer in einer Schüssel vermischen und mit Salz und
weiterem Pfeffer würzen.

Das Öl in einer Fritteuse oder einem anderen geeigneten Topf sehr heiß
werden lassen. Die Tintenfischringe in dem gewürzten Mehl wenden,
überschüssiges Mehl abklopfen und portionsweise goldgelb ausbacken.
Auf Küchenpapier abtropfen lassen und heiß servieren.

Gegrillte Fischspießchen mit Limetten-Wasabi-Dressing

Marinieren: 12–24 Stunden • Vorbereitung: 10 Minuten • Garzeit: 5 Minuten • Für 4 Personen

800 g Schwertfischfilet
10 g Wasabi-Paste*
Saft von 2 Limetten
Saft von 1 Orange
1 Schalotte
¼ Vogelaugen-Chili (*piment oiseau**)
Einige Zweige glatte Petersilie
2 EL Erdnussöl
Salz und frisch gemahlener Pfeffer

Am Vortag eine Marinade für Fisch zubereiten (siehe Seite 240). Das Schwertfischfilet in große Würfel schneiden, darin einlegen und zugedeckt 24 Stunden im Kühlschrank marinieren.

Am folgenden Tag die Fischwürfel aus der Marinade nehmen und auf Holzspieße stecken (rechnen Sie zwei Spieße pro Person).

Die Wasabi-Paste mit dem Limetten- und Orangensaft kräftig verrühren (das kann auch der Mixer für Sie übernehmen). Die Schalotte, den Chili und die Petersilie hacken und mit dem Öl unter das Wasabi-Dressing rühren. Mit Salz und Pfeffer abschmecken.

Die Spießchen unter dem Backofengrill oder auf dem Elektrogrill etwa 5 Minuten von allen Seiten grillen, bis der Fisch durchgegart ist. Mit dem Wasabi-Dressing überziehen und servieren. Dazu passt ein grüner Salat mit Limettenvinaigrette.

Anmerkung: Ein paar Stückchen rote Zwiebel und grüne Paprika sorgen bei diesen Spießen für eine kleine vegetarische Zugabe und mehr Farbe.

Teigsäckchen mit dreierlei Fisch

Vorbereitung: 20 Minuten • Backzeit: 10 Minuten • Für 4 Personen

Saft von 1 Limette
20 g frisch geriebene Ingwerwurzel
2 Zweige Koriandergrün
2 Knoblauchzehen
100 g Meerbarbenfilet
100 g Snapperfilet
100 g Goldmakrelenfilet
2 EL Olivenöl, plus Öl zum Bestreichen
Salz und frisch gemahlener Pfeffer
4 Filoteigblätter

Den Ofen auf 200 °C vorheizen. Den Limettensaft, den Ingwer, das Koriandergrün und den Knoblauch im Mixer pürieren.

Die Fischfilets sorgfältig von eventuell verbliebenen Gräten befreien und in feine Streifen schneiden. In einer Schüssel mit dem Öl vermengen und mit Salz und Pfeffer würzen. Das Limetten-Ingwer-Püree zugeben und alles gründlich durchmischen.

Die Filoteigblätter nebeneinander auf die Arbeitsfläche legen und mit Öl bestreichen. Jeweils ein großzügiges Häufchen der Farce in die Mitte setzen, die Teigränder über der Füllung zusammenführen und mit Küchengarn verschnüren, sodass kleine »Säckchen« entstehen. (Sie können die Teigblätter auch zerteilen und die »Säckchen« kleiner portionieren.)

Die »Säckchen« im Ofen 10 Minuten backen, bis sie goldbraun sind. Heiß servieren.

Knusprige Garnelensäckchen mit würzigem Sud

Vorbereitung: 20 Minuten • Backzeit: 10 Minuten • Für 4 Personen

800 g große Garnelen
3 Frühlingszwiebeln
1 Zweig Basilikum
2 Zweige frischer Thymian
1 Knoblauchzehe
2 EL Pflanzenöl, plus Öl zum Bestreichen
Salz und frisch gemahlener Pfeffer
Saft von 1 Limette
4 Filoteigblätter
Einige junge Spinatblätter

Den Ofen auf 180 °C vorheizen. Die Garnelen schälen, von Köpfen und Därmen befreien und je nach Belieben und Größe in Stücke schneiden oder ganz lassen. Die Frühlingszwiebeln in dünne Scheiben, das Basilikum in feine Streifen schneiden. Den Thymian abzupfen, den Knoblauch fein hacken.

Das Öl in einer Pfanne erhitzen, die Garnelen hineingeben und einige Sekunden pfannenrühren. Die Frühlingszwiebeln, das Basilikum, den Thymian und den Knoblauch zufügen, mit Salz und Pfeffer würzen und unter Rühren kurz weitergaren. Den Limettensaft untermengen, die Mischung vom Herd nehmen und abkühlen lassen.

Die Filoteigblätter nebeneinander auf die Arbeitsfläche legen und mit Öl bestreichen. Die Blattmitte jeweils mit einigen Spinatblättern auslegen und zwei großzügige Esslöffel der Füllung daraufhäufen. Den Garsud der Füllung zurückbehalten. Die Teigränder über der Füllung zusammenführen, sodass kleine »Säckchen« entstehen. Mit Küchengarn verschnüren und 10 Minuten im Ofen goldbraun und knusprig backen. Die »Säckchen« mit etwas von dem Sud umträufeln und heiß servieren.

Gebackene Garnelenschwänze mit Meeresfrüchte-Creme

Vorbereitung: 30 Minuten • Garzeit: 2 Minuten • Für 4 Personen

150 g Mehl
½ Päckchen Backpulver
Salz und frisch gemahlener Pfeffer
2 EL Olivenöl
1 Ei, verschlagen
1 Vogelaugen-Chili (piment oiseau*)
80 g gegartes Krabbenfleisch
80 g ausgelöste, gegarte Herzmuscheln
80 g geschälte, gegarte Kaisergranatschwänze, gewürfelt
1 Prise gemahlene Kurkuma
Saft von 1 Limette
800 g Garnelenschwänze, bis auf das Schwanzende geschält
1 l Pflanzenöl zum Frittieren

Zunächst einen Ausbackteig zubereiten: Das Mehl, das Backpulver, 1 Prise Salz und 1 Esslöffel des Olivenöls verrühren, 250 Milliliter lauwarmes Wasser und das verschlagene Ei zugeben und sämtliche Zutaten zu einem dickflüssigen, aber noch gießfähigen Teig verarbeiten (nötigenfalls noch etwas Mehl oder Wasser zugeben). Den Chili fein hacken und untermischen. Den Teig ein wenig quellen lassen.

Inzwischen die Meeresfrüchte-Creme zubereiten: Das restliche Olivenöl, das Krabbenfleisch, die Herzmuscheln, die Kaisergranatschwänze und die Prise Kurkuma in die Küchenmaschine geben. Den Limettensaft zugießen, leicht salzen und pfeffern und alles in 1–2 Minuten zu einem cremigen Dip pürieren.

Das Frittieröl in einem Topf sehr heiß werden lassen. Die Garnelenschwänze durch den Ausbackteig ziehen und in dem heißen Öl goldgelb frittieren. Mit einem Schaumlöffel herausheben und auf Küchenpapier abtropfen lassen. Heiß mit der Meeresfrüchte-Creme servieren.

Klippfisch-Chiquetaille mit Gurkensalat

Wässern: 24 Stunden • Zubereitung: 20 Minuten • Für 6 Personen

600 g Klippfisch
2 Knoblauchzehen, gehackt
2 Zwiebeln, in feine Streifen geschnitten
2 Schalotten, in feine Streifen geschnitten
3 Frühlingszwiebeln, gehackt
1 Zweig glatte Petersilie, grob gehackt
1 EL Schnittlauch
¼ Habanero-Chili (piment antillais*), gehackt
3 EL Olivenöl
Saft von 2 Limetten
2 EL Weißweinessig
1 Salatgurke
Salz und frisch gemahlener Pfeffer

Den Klippfisch 24 Stunden in reichlich kaltem Wasser wässern. Das Wasser möglichst häufig wechseln. Den Fisch am nächsten Tag in frischem Wasser je nach Salzgehalt 10–15 Minuten kochen, auf Küchenpapier abtropfen und abkühlen lassen. Den Klippfisch von Haut und Gräten befreien, mit den Fingern zerpflücken und in eine Schüssel geben.

Eine Knoblauchzehe, die Zwiebeln, die Schalotten, die Frühlingszwiebeln, die Petersilie, den Schnittlauch und den Chili hinzufügen und alles gründlich vermengen. 2 Esslöffel des Öls, die Hälfte des Limettensafts und 1 Esslöffel Essig untermischen und 1 Stunde im Kühlschrank durchziehen lassen.

Die Gurke schälen und in Scheiben schneiden. Aus dem restlichen Limettensaft, der übrigen Knoblauchzehe, Essig und Öl eine Vinaigrette zubereiten und mit Salz und Pfeffer abschmecken. Die Gurkenscheiben mit der Vinaigrette überziehen und auf einem Teller anrichten. Das chiquetaille daraufhäufen und servieren. Dazu passt ein grüner Salat.

Anmerkung: Chiquetaille bedeutet in der Küchensprache der Antillen so viel wie »Zerpflücktes« – von déchiqueter, französisch für »in Fetzen reißen«, »zerpflücken«.

Knusprige Teigtaschen mit Krabben-Langusten-Füllung

Vorbereitung: 20 Minuten • Backzeit: 10–15 Minuten • Für 4 Personen

1 gegarter Langustenschwanz (etwa 300 g), geschält
200 g gegartes Krabbenfleisch
1 Schalotte
1 kleine, sehr milde rote Chili-schote *(piment végétarien*)*
1 EL Olivenöl
1 EL Knoblauchessig
Salz und frisch gemahlener Pfeffer
4 Filoteigblätter
1 EL zerlassene Butter

Den Langustenschwanz in dünne Scheiben schneiden, das Krabben-fleisch würfeln. Die Schalotte und den Chili fein hacken.

Das Olivenöl in einer Pfanne erhitzen. Die Schalotte und den Chili darin etwas Farbe nehmen lassen, den Essig, das Krabben- und Langusten-fleisch zugeben, die Mischung mit Salz und Pfeffer würzen und gründlich verrühren. Abkühlen lassen.

Den Ofen auf 180 °C vorheizen. Die Filoteigblätter auf die Arbeitsfläche legen und mit der zerlassenen Butter bestreichen. In die Mitte 2 Ess-löffel der Füllung setzen und etwas glatt streichen. Die Teigränder so über die Füllung schlagen, das kleine rechteckige Pakete entstehen. Die Teigtaschen im Ofen 10–15 Minuten backen, bis sie goldbraun und knusprig sind. Heiß mit süßsaurer Sauce (siehe Seite 234) servieren.

Anmerkung: Knoblauchessig lässt sich ganz einfach selbst zubereiten. Dazu 8–10 Knoblauchzehen mit etwas Salz zerdrücken und in eine Flasche füllen. Mit 500 Milliliter kochend heißem Weißweinessig auffüllen und abkühlen lassen. Die Flasche fest verschließen und den Essig 2–3 Wochen ziehen lassen.

Bananenblüten gefüllt mit Meeresfrüchten

Vorbereitung: 15 Minuten • Garzeit: 15 Minuten • Für 6 Personen

1 Bananenblüte (Asia-Markt)
1 Schalotte
1 Knoblauchzehe
12 Basilikumblätter
12 Korianderblätter
6 Frühlingszwiebeln
4 EL Olivenöl
250 g gemischte tiefgekühlte
Meeresfrüchte, aufgetaut
Salz und frisch gemahlener
Pfeffer
2 EL Weißweinessig
1 sehr reife Banane, zerdrückt
Saft von 1 Zitrone
Saft von 1 Limette
60 g Erdnusskerne, gehackt
1 EL Honig
6 Schnittlauchhalme, blan-
chiert und kalt abgeschreckt

Sechs Hüllblätter der Bananenblüte ablösen und beiseite legen. Den Rest der Blüte in feine Streifen schneiden. Die Schalotte, den Knoblauch und das Basilikum fein hacken. Das Koriandergrün und die Frühlings-zwiebeln ebenfalls hacken, vermengen und für die Zubereitung der Sauce beiseite stellen.

Das Olivenöl in einem Schmortopf erhitzen. Die Schalotte, den Knob-lauch und das Basilikum hineingeben und anschwitzen. Die in Streifen geschnittene Bananenblüte und die Meeresfrüchte zufügen, salzen, pfeffern und kurz mit angehen lassen. Den Essig zugießen und die Mischung 5 Minuten bei schwacher Hitze garen. Regelmäßig behutsam umrühren. Den Topf vom Herd nehmen, die zerdrückte Banane, den Zitronen- und Limettensaft sowie die Erdnusskerne und den Honig untermengen. Dies ist die Füllung.

Eine süßsaure Sauce zubereiten (siehe Seite 234). Das Koriandergrün und die Frühlingszwiebeln 2–3 Minuten dämpfen und unter die Sauce rühren.

Die sechs zurückgelegten Blütenblätter einige Sekunden in leicht gesal-zenem kochendem Wasser blanchieren, damit sie sich leichter einrollen lassen. Die Blätter auf der Arbeitsfläche ausbreiten, jeweils einen groß-zügigen Esslöffel der Füllung in die Mitte geben und die Blätter zusam-menrollen. Die gefüllten Blätter mit einem blanchierten Schnittlauchhalm verschnüren und lauwarm servieren. Die süßsaure Sauce dazu reichen.

Anmerkung: Die Hüllblätter der Bananenblüte sind eine attraktive und praktische »Verpackung«. Sie werden nicht mitgegessen.

Meeresfrüchte-Gratin mit Zitronengras

Vorbereitung: 30 Minuten • Garzeit: 25 Minuten • Für 4 Personen

2 weiße Zwiebeln
2 Knoblauchzehen
1 kleines Stück Zitronengras
3 Zweige glatte Petersilie
1 Zweig Thymian
1 Prise Chilipulver
100 g große Garnelen
100 g Wellhornschnecken
6 große Venusmuscheln
150 g gegartes Langustenfleisch, geschält
100 g Schwertfischfilet
2 EL Olivenöl
Salz und frisch gemahlener Pfeffer
50 g Mehl
150 g Sahne
2 Eier
Butter zum Einfetten
50 g Parmesan, gerieben

Die Zwiebeln, den Knoblauch, das Zitronengras, die Petersilie, den Thymian und das Chilipulver im Mixer grob zermahlen. Beiseite stellen.

Die Garnelen schälen und von Köpfen und Därmen befreien. Die Wellhornschnecken in reichlich Wasser (oder einem Gemüsesud; siehe Anmerkung) 15 Minuten garen und mit einer Gabel (besser noch mit einer Hummergabel) aus der Schale lösen.

Die Venusmuscheln zugedeckt in sehr wenig kochendem Wasser einige Minuten dämpfen, bis sie sich geöffnet haben. Ungeöffnete Exemplare wegwerfen. Das Muschelfleisch aus den Schalen lösen und mit dem Garsud beiseite stellen. Die Garnelen, das Langustenfleisch und das Schwertfischfilet je nach Größe und Geschmack in mundgerechte Würfel schneiden oder ganz lassen. In einer Pfanne das Öl erhitzen und die Zwiebel-Kräuter-Mischung darin bei starker Hitze kurz anschwitzen. Die Meeresfrüchte und den Muschelsud zugeben, mit Salz und Pfeffer würzen und einige Sekunden garen. Beiseite stellen.

Das Mehl, die Sahne und die Eier in einer Schüssel kräftig verschlagen.

Den Ofen auf 200 °C vorheizen. Eine ofenfeste Form ausbuttern, die Meeresfrüchte hineingeben und mit der Eiersahne übergießen. Mit dem Parmesan bestreuen und im Ofen 15 Minuten überbacken. Heiß servieren.

Anmerkung: Wellhornschnecken und andere Meeresschnecken gart man am besten zugedeckt in einem Sud aus Wasser, Zwiebeln, Lauch und Petersilie. Die Garzeit beträgt je nach Größe 15–20 Minuten.

Überbackene Chayoten mit Krabbenfüllung, Chili und Honig

Vorbereitung: 30 Minuten • Backzeit: 10 Minuten • Für 4 Personen

2 Chayoten (*christophines**)
1 Schalotte
1 Knoblauchzehe
1 Zweig Basilikum
1 Zweig Petersilie
1 EL Pflanzenöl
200 g gegartes, ausgelöstes Krabbenfleisch
1 EL Honig
Salz und frisch gemahlener Pfeffer
1 Habanero-Chili (*piment antillais**), gehackt
50 g Parmesan, gerieben
1–2 EL Semmelmehl (nach Belieben)

Die Chayoten der Länge nach halbieren, den Stein herauslösen und die Fruchthälften in 1 Liter kochendem Wasser 20 Minuten garen. Abtropfen und abkühlen lassen.

Das Fruchtfleisch der Chayoten mit einem Teelöffel vorsichtig herauslösen, ohne die Schalen zu beschädigen. Die Schalenhälften beiseite legen, das Fruchtfleisch im Mixer pürieren. Die Schalotte, den Knoblauch, das Basilikum und die Petersilie fein hacken.

Das Öl in einem Topf auf großer Stufe erhitzen. Die Schalotten-Kräuter-Mischung darin etwas Farbe nehmen lassen, das Krabbenfleisch zugeben und unter Rühren kurz mitschwitzen. Das pürierte Chayotenfleisch und den Honig hinzufügen und gleichmäßig verrühren. Mit Salz und Pfeffer würzen, den gehackten Chili untermischen und weitere 2–3 Minuten garen. (Falls die Masse zu flüssig ist, so viel Semmelmehl einarbeiten, bis sie von kompakter, homogener Konsistenz ist.)

Den Ofen auf 200 °C vorheizen. Die Farce in die Schalenhälften einfüllen, mit dem Parmesan und nach Belieben mit Semmelmehl bestreuen und im Ofen 10 Minuten überbacken. Heiß servieren.

Überbackene Venusmuscheln auf kreolische Art

Vorbereitung: 20 Minuten • Garzeit: 20 Minuten • Für 6 Personen

100 g altbackenes Weißbrot
500 ml Milch
12 große Venusmuscheln
1 Schalotte
1 Knoblauchzehe
1 Zweig Koriandergrün
1 Zweig frischer Thymian
1 Zweig glatte Petersilie
20 g Butter
Salz und frisch gemahlener Pfeffer
1 Habanero-Chili (*piment antillais**), gehackt
Saft von 2 Limetten
2 EL Semmelbrösel

Das altbackene Brot in der Milch einweichen.

Die Venusmuscheln unter fließendem Wasser gründlich abbürsten. In einen Topf geben, etwas Wasser zugießen und zum Kochen bringen. Zugedeckt 5–6 Minuten garen, bis sich die Muscheln geöffnet haben. Ungeöffnete Exemplare wegwerfen. Abkühlen lassen.

Die Muscheln aus den Schalen lösen, mit dem Messer fein hacken und beiseite stellen. Die Schalen zurückbehalten. Das eingeweichte Brot gut ausdrücken und im Mixer pürieren. Die Schalotte, den Knoblauch, das Koriandergrün, den Thymian und die Petersilie ebenfalls im Mixer grob zermahlen. Beiseite stellen.

Die Butter in einem Topf zerlassen. Die Schalotten-Kräuter-Mischung bei mäßiger Hitze 2–3 Minuten anschwitzen, das Muschelfleisch und das Brot zugeben und unter Rühren kurz mitgaren. Die Mischung leicht salzen und pfeffern, den Chili und den Limettensaft unterrühren und das Ganze bei schwacher Hitze unter ständigem Rühren weitere 5 Minuten garen.

Den Ofen auf 180 °C vorheizen. Die vorbereitete Farce in die Muschelschalen füllen, mit den Semmelbröseln bestreuen und im Ofen 10 Minuten überbacken. Heiß servieren.

Klippfisch-Gurken-Törtchen mit Avocadocreme

Wässern: 24 Stunden • Zubereitung: 40 Minuten • Für 4 Personen

500 g Klippfisch ohne Gräten
2 weiße Zwiebeln
1 Knoblauchzehe
1 Frühlingszwiebel
2 Habanero-Chilis (*piments antillais**; oder nach Geschmack)
2 Zweige Petersilie
2 Zweige frischer Thymian
1 Zweig Koriandergrün
3 EL Olivenöl
Saft von 4 Limetten
Salz und frisch gemahlener Pfeffer
1 Salatgurke
2 reife Avocados
1 Prise Chilipulver

Am Vortag die grobe Salzschicht, die den Klippfisch bedeckt, abreiben und den Fisch 24 Stunden in reichlich kaltem Wasser einweichen. Das Wasser mehrmals wechseln.

Am Folgetag den Fisch etwa 8 Minuten in kochendem Wasser garen, um weiteres Salz auszuschwemmen. Je nach Salzgehalt diesen Vorgang zweimal mit frischem Wasser wiederholen. Den Klippfisch abtropfen und abkühlen lassen und mit den Fingern zerpflücken. Beiseite stellen.

Die Zwiebeln, den Knoblauch, die Frühlingszwiebel, die Chilis, die Petersilie, den Thymian und das Koriandergrün fein hacken. Die Mischung in einer Schüssel mit 2 Esslöffeln des Olivenöls, dem Saft von 3 Limetten und dem zerpflückten Klippfisch vermengen. Mit Salz und Pfeffer würzen und sämtliche Zutaten gründlich durchmischen. Bis zur weiteren Verwendung in den Kühlschrank stellen.

Kurz vor dem Servieren die Gurke gründlich waschen und ungeschält in Scheiben schneiden. Einen runden Ausstechring auf einen Teller setzen und den Boden mit Gurkenscheiben auslegen. Etwas Klippfischfarce daraufhäufen, glatt streichen und mit weiteren Gurkenscheiben belegen. Eine zweite Lage Klippfischfarce einschichten und zuoberst mit einer Schicht Gurke abschließen. Den Ring vorsichtig abziehen und die restlichen Törtchen in gleicher Weise anrichten.

Das Fruchtfleisch der Avocados mit dem restlichen Limettensaft, 1 Esslöffel Olivenöl und 1 Prise Chilipulver im Mixer zu einer glatten Creme pürieren. Die Klippfischtörtchen jeweils mit einem Klecks Avocadocreme garnieren und kalt servieren.

Garnelenmousse im Ei

Vorbereitung: 30 Minuten • Garzeit: 5 Minuten • Für 6 Personen

4 *ouassous** (ersatzweise
große Süßwassergarnelen)
2 Schalotten
1 Knoblauchzehe, plus
Knoblauch zum Einreiben
1 Zweig Koriandergrün
5 Schnittlauchhalme
1 EL Olivenöl
10 g Butter
1 Prise gemahlene Kurkuma
1 Prise Chilipulver
Saft von 2 Limetten
Salz und frisch gemahlener
Pfeffer
2 EL Sahne
6 Eier
6 Scheiben Toastbrot

Die Garnelen je nach Größe in sprudelnd kochendem Salzwasser

12–16 Minuten garen (echte *ouassous* benötigen bis zu 20 Minuten). Die Krustentiere abkühlen lassen, schälen und vom Darm befreien. Beiseite stellen.

Die Schalotten, den Knoblauch, das Koriandergrün und den Schnittlauch im Mixer zu einer glatten Paste pürieren. Anschließend die Garnelen pürieren.

In einem Topf das Öl und die Butter erhitzen. Die vorbereitete Paste, die Kurkuma und das Chilipulver hineingeben und bei schwacher Hitze 2–3 Minuten farblos anschwitzen. Das pürierte Garnelenfleisch und den Limettensaft zufügen, salzen, pfeffern und gründlich durchmischen. Zuletzt die Sahne unterrühren. Die Creme vor dem Servieren noch ein-mal in der Küchenmaschine aufmixen, bis sie ganz glatt ist.

Die Eier mit einer Eier-Guillotine oder einem scharfen Messer kappen und ausleeren. Die leeren Schalen gründlich ausspülen. Die Garnelen-mousse mit einem kleinen Löffel oder einem Spritzbeutel einfüllen und in Eierbechern servieren. Das Toastbrot toasten, entrinden und mit etwas frischem Knoblauch einreiben. In Streifen schneiden und zum Eintunken dazu reichen.

Frittierte Haifischstäbchen mit scharfer Mayonnaise

Vorbereitung: 20 Minuten • Garzeit: 5 Minuten • Für 4 Personen

500 g Haifischfilet
100 g Mehl
Je 1 Prise Salz und frisch gemahlener Pfeffer
1 Prise Cayennepfeffer
1 l Pflanzenöl zum Frittieren

FÜR DIE MAYONNAISE
1 ganz frisches Eigelb
1 EL scharfer Senf
1 Prise Cayennepfeffer
250 ml Pflanzenöl
Saft von 2 Limetten
2 Knoblauchzehen, durch-
gepresst
1 Zweig Koriandergrün, fein
gehackt
Salz und frisch gemahlener
Pfeffer

Zunächst die Mayonnaise zubereiten: Das Eigelb in einer Schüssel mit dem Senf verschlagen und einige Minuten ruhen lassen. Mit der Prise Cayennepfeffer würzen und dann langsam in einem dünnen, steten Strahl das Öl zugießen. Dabei ständig mit einem Schneebesen schlagen, bis sich eine dicke Emulsion gebildet hat. Den Zitronensaft, den durch-gepressten Knoblauch und das Koriandergrün unterrühren und mit Salz und Pfeffer abschmecken. Die Mayonnaise bis zum Servieren kalt stellen.

Das Haifischfilet in fingerdicke Streifen schneiden. In einer Schüssel das Mehl mit dem Salz, Pfeffer und Cayennepfeffer würzen. Die Haifisch-streifen sorgfältig in dem Mehl wenden, bis sie rundherum gleichmäßig bedeckt sind.

Das Öl in einem Topf erhitzen. Die Haifischstreifen portionsweise hinein-geben und goldbraun frittieren. Mit einem Schaumlöffel herausheben und auf Küchenpapier abtropfen lassen. Mit der Mayonnaise servieren.

Krabben-Windbeutel mit Meeresfrüchte-Safrancreme

Vorbereitung: 45 Minuten • Backzeit: 10 Minuten • Für 6 Personen

FÜR DEN BRANDTEIG
100 ml Wasser
100 ml Milch
1 TL Salz
75 g Butter
100 g Mehl
3 Eier

1 Schalotte
1 Knoblauchzehe
1 Vogelaugen-Chili *(piment oiseau*)*
1 Zweig Petersilie
1 EL Pflanzenöl
300 g gegartes Krabbenfleisch, grob gehackt
Salz und frisch gemahlener Pfeffer
100 ml Milch
1 Ei, verschlagen
Meeresfrüchte-Safrancreme (siehe Seite 234)

Einen Brandteig zubereiten: Das Wasser und die Milch in einem Topf mit dem Salz und der Butter zum Kochen bringen. Dabei ständig mit einem Holzlöffel rühren. Den Topf vom Herd nehmen, das Mehl auf einmal in die kochende Flüssigkeit schütten und kräftig weiterrühren, bis sich ein glatter Mehlkloß gebildet hat. Den Kloß bei schwacher Hitze unter ständigem Rühren »abbrennen«. Abseits der Kochstelle nacheinander die Eier unterrühren und vor dem nächsten Ei jeweils vollständig einarbeiten. Der Teig sollte am Ende glatt und glänzend sein.

Die Schalotte, den Knoblauch, den Chili und die Petersilie im Mixer zu einer Paste pürieren. In einem Topf das Öl erhitzen und die Paste darin 2 Minuten anschwitzen. Das Krabbenfleisch zugeben, mit Salz und Pfeffer würzen und weitere 3 Minuten unter ständigem Rühren garen. Die Farce mit der Milch in der Küchenmaschine ein weiteres Mal aufmixen, bis sie fast glatt ist. Beiseite stellen.

Den Ofen auf 200 °C vorheizen. Den Brandteig in einen Spritzbeutel mit 1,5-cm-Lochtülle füllen. Ein Backblech mit Backpapier auslegen und die Brandmasse in 24 kleinen Häufchen auf das Blech spritzen. Die Windbeutel mit dem verschlagenen Ei einpinseln und im Ofen 10 Minuten backen.

Die leicht abgekühlten Windbeutel aufschneiden und die Krabben-Farce einfüllen (auch das geht am besten mit einem Spritzbeutel mit Lochtülle). Die Deckel wieder aufsetzen und die Krabben-Windbeutel auf Tellern anrichten. Mit etwas Meeresfrüchte-Safrancreme überziehen und servieren.

Marinierte Meeresschnecken mit süßsaurer Sauce

Vorbereitung: 40 Minuten • Marinieren: 2 Stunden • Für 6 Personen

Saft von 8 Limetten
2 EL Essig
1 kg rohe, ausgelöste kleine
*lambis** (ersatzweise Abalonen
oder Wellhornschnecken)
2 Zweige Koriandergrün
1 Zweig glatte Petersilie
50 g rote Paprika
50 g grüne Paprika
20 g Zucchini
Saft von 2 Orangen
1 Prise Chilipulver
Salz und frisch gemahlener
Pfeffer

Eine große Schüssel mit Wasser füllen. Den Saft von 3 Limetten und den Essig hineingeben. Das ausgelöste Schneckenfleisch so lange in dem Wasser waschen und aneinander reiben, bis sich die Haut rau anfühlt (solange sie sich glatt anfühlt, weiter zwischen den Fingern reiben). Die Haut abziehen, die hornigen Verschlussdeckel und die Augen wegschneiden. Die Schnecken der Länge nach aufschneiden und die gelben Partien im Innern mit einem Messer herauskratzen. Das Fleisch in dünne Streifen schneiden und flach klopfen, damit es zart wird.

Das Koriandergrün und die Petersilie hacken. Die Paprika und die Zucchini in kleine Würfel schneiden. In einer Schüssel die Schneckenstreifen mit dem restlichen Limettensaft, dem Orangensaft, den Paprika- und Zucchiniwürfeln sowie den Kräutern vermengen. Mit dem Chilipulver, etwas Salz und Pfeffer würzen und 2 Stunden im Kühlschrank marinieren lassen.

Anmerkung: Abalonen werden in ähnlicher Weise vorbereitet. Die Eingeweide und den dunklen Saum, der den Muskel umrandet, wegschneiden. Das Fleisch gründlich abspülen und – am besten zwischen zwei Lagen Klarsichtfolie – weich klopfen.

Gebratene Riesengarnelen mit Kräutern und Sternfruchtpüree

Vorbereitung: 15 Minuten • Garzeit: 18 Minuten • Für 4 Personen

8 Riesengarnelen
3 Sternfrüchte (Karambolen)
2 Limetten
2 Knoblauchzehen
1 Zweig Dill
1 Zweig Kerbel
1 Zweig Koriandergrün
1 Zweig Petersilie
1 EL Kreuzkümmelsamen
1 Prise Cayennepfeffer
2 EL feiner Zucker
1 EL Erdnussöl
Salz und frisch gemahlener Pfeffer

Die Garnelen vom Kopf befreien und bis auf das Schwanzsegment schälen. Den Darm entfernen. Beiseite stellen.

Die Sternfrüchte in kleine Würfel schneiden. Die Limetten mitsamt dem weißen Bast schälen, das Fruchtfleisch entkernen und fein würfeln. Den Knoblauch hacken, die Kräuter grob hacken. Einige Korianderblätter für Garniturzwecke zurücklegen. Den Kreuzkümmel im Mörser zermahlen.

In einem Topf 250 Milliliter Wasser mit dem Cayennepfeffer und dem Zucker zum Kochen bringen. Die Sternfrucht- und Limettenwürfel zugeben und bei schwacher Hitze 15 Minuten garen. Die Mischung in der Küchenmaschine pürieren.

In einer Pfanne das Öl erhitzen. Die Garnelenschwänze, den Knoblauch, die Kräuter und den Kreuzkümmel hineingeben, mit Salz und Pfeffer würzen und bei nicht zu starker Hitze 2–3 Minuten von beiden Seiten braten. Die Riesengarnelen mit Korianderblättern garnieren und heiß mit dem Sternfruchtpüree servieren.

Gefüllte Krabben

Vorbereitung: 20 oder 40 Minuten • Garzeit: 20 Minuten •
Für 6 Personen

Einige Scheiben altbackenes
Weißbrot
6 lebende oder gekochte
Krabben (es werden 250 g
Krabbenfleisch und 6 Panzer
benötigt)
3 Zwiebeln
1 Schalotte
2 Knoblauchzehen
2 Zweige Petersilie
1 Zweig frischer Thymian
1 kleiner, sehr milder Chili
(piment végétarien*)
1 EL Pflanzenöl
Salz und frisch gemahlener
Pfeffer
Saft von 1 Limette
20 g Semmelmehl

Das altbackene Brot in Wasser einweichen.

Wenn Sie lebende Krabben verwenden, müssen diese vor der Verarbeitung in reichlich sprudelnd kochendem Salzwasser oder einer Court-Bouillon getötet werden. Die Krustentiere anschließend je nach Größe weitere 15–20 Minuten garen. Mit einem Schaumlöffel herausheben und abkühlen lassen. Die Krabben aufbrechen, sodass die Panzer zum Füllen intakt bleiben. Das Fleisch aus den Körpern, Scheren und Beinen lösen und zerpflücken. Die Panzer gründlich ausspülen und beiseite legen.

Die Zwiebeln, die Schalotte, den Knoblauch, die Petersilie, den Thymian und den Chili fein hacken. In einem Topf das Öl erhitzen und die gehackten Zutaten 5–6 Minuten darin anschwitzen. Salzen, pfeffern und das eingeweichte, gut ausgedrückte Brot zugeben. Gut umrühren und 5–6 Minuten bei milder Hitze garen. Das Krabbenfleisch und den Limettensaft untermischen und weitere 6 Minuten garen. Die Farce mit Salz und Pfeffer abschmecken.

Inzwischen den Ofen auf 180 °C vorheizen. Die Farce in die leeren Krabbenpanzer einfüllen und mit etwas Semmelmehl bestreuen. Auf ein Backblech setzen und im Ofen 5 Minuten überbacken. Heiß servieren.

AUF DEN ANTILLEN VERWENDET MAN FÜR DIESES REZEPT LAND-
KRABBEN, DIE IHREN ARTGENOSSEN OHNE »LANDGANG« GESCHMACK-
LICH WEIT ÜBERLEGEN SIND. ZUVOR WERDEN SIE 15 TAGE MIT CHILIS
UND ZITRONEN GEFÜTTERT, DAMIT SIE IHREN DARM ENTLEEREN.

Klippfischküchlein mit Kokos

Wässern: 24 Stunden • Vorbereitung: 30 Minuten •
Backzeit: 35 Minuten • Für 6 Personen

800 g Klippfisch ohne Gräten
1 Zweig glatte Petersilie
1 Zweig frischer Thymian
1 Zweig Estragon
2 Schalotten
2 Knoblauchzehen
¼ Vogelaugen-Chili *(piment oiseau*)*
1 EL Olivenöl
200 ml ungesüßte Kokosmilch
1 EL Crème fraîche
Salz und frisch gemahlener Pfeffer
1 Ei
Butter zum Einfetten
Mehl zum Bestäuben
1 Paket tiefgekühlter Blätterteig, aufgetaut
10 g Semmelmehl

Am Vortag den Klippfisch in eine Schüssel mit reichlich kaltem Wasser einlegen und 24 Stunden einweichen. Das Wasser häufig erneuern.

Am nächsten Tag den Fisch einige Minuten in reichlich Wasser sprudelnd kochen, um weiteres überschüssiges Salz auszuschwemmen. Je nach Salzgehalt diesen Vorgang noch einmal wiederholen. Das Fleisch von Haut und eventuell verbliebenen Gräten befreien, zerpflücken und im Mixer pürieren. Die Petersilie, den Thymian, den Estragon, die Schalotten, den Knoblauch und den Chili zugeben und weitermixen, bis eine homogene Farce entstanden ist.

Das Öl in einem Topf bei mittlerer Hitze heiß werden lassen. Die Farce hineingeben und 2–3 Minuten unter Rühren anschwitzen. Darauf achten, dass sie nicht ansetzt. Die Kokosmilch und die Crème fraîche unterrühren, mit Salz und Pfeffer abschmecken und 2–4 Minuten leise köcheln lassen. Sobald sämtliche Flüssigkeit verkocht ist, den Topf vom Herd nehmen und rasch das Ei unterziehen.

Inzwischen den Ofen auf 200 °C vorheizen. Sechs kleine Tarteformen ausbuttern und mit Mehl ausstreuen (Sie können natürlich auch eine große Form verwenden und den Kuchen erst nach dem Backen portionieren). Den Blätterteig ausrollen und so auf die Größe der Form(en) zurechtschneiden, dass auch der Rand bedeckt ist. Die Form(en) mit dem Teig auskleiden und den Boden mit einer Gabel mehrmals einstechen. Die Farce einfüllen, glatt streichen und mit dem Semmelmehl bestreuen. Im Ofen 25 Minuten backen. Die Temperatur auf 150 °C herunterstellen und weitere 10 Minuten backen. Heiß servieren.

Karibisches Fisch-Barbecue

Marinieren: 12–24 Stunden • Vorbereitung: 20 Minuten •
Garzeit: 20 Minuten • Für 4 Personen

4 Goldmakrelen, Snapper
oder Coney (oder eine Auswahl
verschiedener Fische), ausge-
nommen
1 rote Zwiebel
2 Knoblauchzehen
2 kleine Frühlingszwiebeln
1 Habanero-Chili (piment
antillais*)
1 Zweig Petersilie
1 Zweig frischer Thymian
1 Zweig Koriandergrün
Saft von 4 Limetten
4 EL Olivenöl, plus Öl zum
Bestreichen
Salz und frisch gemahlener
Pfeffer

Am Vortag die Fische entschuppen und gründlich waschen. Eine Marinade für Fisch zubereiten (siehe Seite 240) und die Fische darin 24 Stunden einlegen.

Den Fisch aus der Marinade nehmen und mit Küchenpapier oder einem sauberen Tuch sorgfältig trockentupfen. Einen Holzkohlegrill vorheizen.

Die Zwiebel, den Knoblauch, die Frühlingszwiebeln, den Chili und die Kräuter fein hacken. In einer Schüssel mit dem Limettensaft und dem Olivenöl verrühren und mit Salz und Pfeffer abschmecken.

Die Fische rundherum großzügig mit Olivenöl einpinseln und von jeder Seite 10 Minuten grillen. Mit der Limetten-Chili-Vinaigrette überziehen und heiß servieren.

Blaff d'Ouassous
(Garnelen im Limettensud)

Vorbereitung: 10 Minuten • Garzeit: 20–25 Minuten • Für 4 Personen

2 Zweige frischer Thymian
2 Zweige Petersilie
4 kleine Frühlingszwiebeln
3 Lorbeerblätter
4 Knoblauchzehen
5 mittelgroße weiße Zwiebeln
250 ml Fischfond
Salz und frisch gemahlener Pfeffer
4 *ouassous** (ersatzweise große, ungeschälte Süßwassergarnelen)
Saft von 3–5 Limetten
1 Habanero-Chili (*piment antillais**)
Frühlingszwiebelringe zum Garnieren (nach Belieben)
Limettenspalten zum Garnieren (nach Belieben)

In einem Topf den Thymian, die Petersilie, die Frühlingszwiebeln, den Lorbeer, den Knoblauch und die grob gewürfelten Zwiebeln mit dem Fischfond vermengen und mit etwas Salz und Pfeffer würzen.

Den Sud auf kleiner Flamme 3–5 Minuten leise köcheln lassen. Die *ouassous* einlegen, den Saft von drei Limetten und den Chili zugeben und zugedeckt je nach Größe der Krustentiere 15–20 Minuten bei mittlerer Hitze garen. Zwischendurch gelegentlich wenden.

Die *ouassous* herausnehmen. Die Würzzutaten (Kräuter, Frühlingszwiebeln, Chili) aus dem Sud entfernen und die Sauce nach Belieben mit weiterem Limettensaft, Knoblauch und Chili abschmecken. (Sie können die Sauce auch zunächst durch ein Sieb passieren und dann wie gewünscht abschmecken.)

Die *ouassous* anrichten, die Sauce darüber schöpfen und nach Belieben mit Frühlingszwiebelringen und etwas Limettenschale garnieren.

Fischsuppe mit Chili

Marinieren: 12–24 Stunden • Vorbereitung: 15 Minuten •
Garzeit: 10 Minuten • Für 4 Personen

4 Scheiben (Steaks) Gold-
makrele (je 180 g, ersatzweise
Kabeljau oder Heilbutt)
2 weiße Zwiebeln
2 Knoblauchzehen
4 kleine Frühlingszwiebeln
1 Zweig glatte Petersilie
1 Zweig Thymian
1 Lorbeerblatt
2 Gewürznelken
Salz und frisch gemahlener
Pfeffer
1 Habanero-Chili (*piment
antillais**)
2 EL Pflanzenöl
Saft von 4 Limetten

Am Vortag eine Fischmarinade zubereiten (siehe Seite 240) und die
Fischsteaks 24 Stunden darin einlegen.

Die Zwiebeln in feine Streifen schneiden. Den Knoblauch, die Frühlingszwiebeln, die Petersilie und den Thymian fein hacken. Mit dem Lorbeer
und den Nelken in einen Topf geben, 250 Milliliter Wasser zugießen
und mit Salz und Pfeffer würzen. Den Sud zum Kochen bringen und
3 Minuten leise köcheln lassen. Die Fischscheiben und den ganzen Chili
einlegen und 5 Minuten bei milder Hitze garen.

Den Topf vom Herd nehmen, das Öl und den Limettensaft einrühren
und die Suppe mit Salz und Pfeffer abschmecken. Darauf achten, dass
der Chili unversehrt bleibt. Heiß servieren.

Blaff d'Oursins
(Seeigel im Limetten-Kräuter-Sud)

Vorbereitung: 30 Minuten • Garzeit: 10 Minuten • Für 6 Personen

24 frische Seeigel
1 Schalotte
3 Knoblauchzehen
2 Zweige glatte Petersilie
1 Zweig frischer Thymian
3 EL Pflanzenöl
1 Habanero-Chili (*piment antillais**)
Saft von 3 Limetten
Salz und frisch gemahlener Pfeffer

Die Seeigel mit einem Tuch greifen und an der flachen Unterseite mit einer Schere ein rundes Stück herausschneiden. Das Stück mitsamt den daran hängenden Innereien wegwerfen. Den aromatischen Saft in ein Schälchen abgießen und mit einem kleinen Löffel die orangerote Creme (bei weiblichen Tieren) oder die länglichen »Zungen« (die männlichen Gonaden) vorsichtig herauslösen und beiseite stellen. Die ausgehöhlten Seeigel gründlich ausspülen.

Die Schalotte, den Knoblauch, die Petersilie und den Thymian fein hacken. Das Öl in einer Kasserolle erhitzen und die Schalotten-Kräuter-Mischung darin kurz anschwitzen. Das »Seeigelfleisch« und etwas von ihrem Saft zugeben und bei mäßiger Hitze unter Rühren 2–3 Minuten garen. Darauf achten, dass die Mischung nicht ansetzt.

Den ganzen Chili und 250 Milliliter Wasser zugeben und weitere 5 Minuten köcheln lassen. Acht geben, dass der Chili unversehrt bleibt. Zuletzt den Limettensaft unterrühren und mit Salz und Pfeffer abschmecken. Die Seeigel mit ihrer Sauce in die Schalen einfüllen und heiß servieren.

Marinierter Snapper im Limettensud mit Jamspüree

Marinieren: 12–24 Stunden • Vorbereitung: 10 Minuten •
Garzeit: 20 Minuten • Für 4 Personen

4 Scheiben Snapper (je 180 g),
küchenfertig
3 weiße Zwiebeln
3 Knoblauchzehen
1 Zweig Petersilie
1 Zweig frischer Thymian
3 Lorbeerblätter
1 Habanero-Chili (piment
antillais*)
Salz und frisch gemahlener
Pfeffer
Saft von 4 Limetten
1 EL Olivenöl
Jamspüree (siehe Seite 224)

Am Vortag eine Fischmarinade zubreiten (siehe Seite 240), den Fisch darin einlegen und 24 Stunden marinieren.

Die Zwiebeln in dünne Ringe schneiden. Den Knoblauch, die Petersilie und den Thymian fein hacken.

Die Zwiebeln, eine gehackte Knoblauchzehe, die Kräuter, die Lorbeerblätter, den ganzen Chili sowie 250 Milliliter Wasser in einem Topf vermengen. Zum Kochen bringen und 10 Minuten köcheln lassen.

Den Fisch aus der Marinade heben und in den kochenden Sud einlegen. Mit Salz und Pfeffer würzen und bei mittlerer Hitze 10 Minuten garen. Vom Herd nehmen, den Limettensaft, den restlichen Knoblauch und das Öl unterrühren. Heiß mit einem Jamspüree servieren.

Schwertfischragout nach Art der Antillen

Vorbereitung: 10 Minuten · Garzeit: 15 Minuten · Für 4 Personen

800 g Schwertfischfilet
2 Zwiebeln
2 Schalotten
2 Knoblauchzehen
1 Zweig frischer Thymian
1 Zweig Petersilie, grob gehackt, plus Petersilie zum Garnieren
2 kleine Frühlingszwiebeln, gehackt
2 Lorbeerblätter
Salz und frisch gemahlener Pfeffer
2 EL Butter
2 EL Mehl, gesiebt
1 Ei
2 EL Crème fraîche
Saft von 2 Limetten
1 Habanero-Chili (*piment antillais*; nach Belieben), fein gehackt

Das Schwertfischfilet in große Würfel schneiden und in einer Kasserolle mit kaltem Wasser bedecken. Die grob gewürfelten Zwiebeln, die Schalotten, die Knoblauchzehen sowie den Thymian, die Petersilie, die Frühlingszwiebeln und den Lorbeer zugeben und mit Salz und Pfeffer würzen. Den Sud langsam bis knapp unter den Siedepunkt erhitzen und die Schwertfischwürfel 5 Minuten pochieren.

Die Schwertfischwürfel mit einem Schaumlöffel herausheben und warm stellen. Die Brühe weitere 3–4 Minuten kochen, durch ein Sieb passieren und etwas abkühlen lassen.

In einem weiteren Topf die Butter aufschäumen, das Mehl einrühren und kurz anschwitzen. Unter Rühren die leicht abgekühlte Fischbrühe zugießen und 2–3 Minuten kochen lassen, bis das Mehl gebunden hat.

In einer Schüssel das Ei mit der Crème fraîche kräftig verschlagen. Die Mischung abseits des Herdes unter die Sauce rühren. Den Limettensaft und nach Belieben den fein gehackten Chili unterrühren. Die Sauce über den Schwertfisch gießen, mit gehackter Petersilie garnieren und servieren.

Schwertfisch in Limetten-Kokos-Marinade mit Mango und grünem Salat

Vorbereitung: 30 Minuten • Marinieren: 7 Stunden • Für 4 Personen

500 g Schwertfischfilet ohne
Haut
6 Limetten
1 Kokosnuss
Einige Zweige glatte
Petersilie
6 Basilikumblätter
1 Bund Koriandergrün
1 Habanero-Chili (piment
antillais*)
1 Bund Schnittlauch
Salz und frisch gemahlener
Pfeffer
2 reife Mangos
2 EL Balsamico-Essig
2 EL Akazienhonig
2 EL Olivenöl
1 Prise gemahlener Zimt
250 g grüner Salat (glatte
Endivie oder gemischte
Blattsalate)

Den Schwertfisch zunächst in dünne Scheiben, dann in Streifen schneiden. In einer flachen Schüssel beiseite stellen.

Die Limetten mit etwas Druck auf der Arbeitsfläche hin und her rollen und dann halbieren. Den Saft auspressen und über die Schwertfischstreifen träufeln. Den Fisch im Kühlschrank 2 Stunden marinieren.

Die Kokosnuss öffnen, das Kokoswasser abfließen lassen. Das Fruchtmark herauslösen und raspeln. Mit 250 Milliliter heißem Wasser übergießen und so lange weichen lassen, bis das Wasser vollständig erkaltet ist. Die Mischung durch ein sauberes Tuch in eine Schüssel abseihen. Die Tuchenden zusammenführen und so viel Nussmilch wie möglich aus dem Mark herauspressen. Die Kokosmilch über die Schwertfischstreifen gießen. Die Petersilie, das Basilikum, das Koriandergrün und den Chili hacken, den Schnittlauch in Röllchen schneiden. Etwas Petersilie und Koriandergrün für den Salat zurücklegen, die restlichen Kräuter und den Chili unter die Schwertfischstreifen mengen. Mit Salz und Pfeffer würzen, nochmals gründlich durchmischen und weitere 5 Stunden im Kühlschrank marinieren.

Die Mangos schälen, die Steine entfernen und das Fruchtfleisch in Streifen schneiden. Den Balsamico und den Honig in einem kleinen Topf verrühren. Das Olivenöl und den Zimt zugeben, das Dressing salzen, pfeffern und leicht erwärmen. Die Salatblätter hineingeben und gründlich durchheben.

Den Salat und die marinierten Schwertfischstreifen auf einer Platte oder auf Einzeltellern anrichten. Mit den Mangostreifen garnieren, mit der Petersilie und dem Koriandergrün bestreuen und servieren.

Gebratene Meerbrassenfilets mit Knoblauch und Passionsfruchtcreme

Marinieren: 12–24 Stunden • Vorbereitung: 10 Minuten • Garzeit: 15 Minuten • Für 4 Personen

4 große Meerbrassenfilets (Doraden)
2 kleine Frühlingszwiebeln
1 Zweig Koriandergrün
6 Passionsfrüchte
1 Vogelaugen-Chili *(piment oiseau*)*
Saft von 1 Limette
1 EL Honig
2 EL Erdnussöl
4 Knoblauchzehen, zerstoßen
Salz und frisch gemahlener Pfeffer
Limettenspalten zum Garnieren
Schnittlauchröllchen zum Garnieren

Am Vortag eine Fischmarinade zubereiten (siehe Seite 240) und die Meerbrassenfilets darin 24 Stunden einlegen.

Die Frühlingszwiebeln und das Koriandergrün hacken. Die Passionsfrüchte halbieren, das Fruchtfleisch herauslösen und mit dem Chili und 100 Milliliter Wasser in der Küchenmaschine 2–3 Minuten pürieren. Den Saft durch ein feines Sieb passieren, in einem Topf mit dem Koriandergrün vermengen und bei schwacher Hitze etwa 4 Minuten köcheln lassen. Zuletzt den Limettensaft und den Honig unterrühren.

Die Meerbrassenfilets aus der Marinade heben und mit einem Tuch oder Küchenpapier trockentupfen. In einer beschichteten Pfanne das Öl erhitzen und den zerstoßenen Knoblauch kurz darin anrösten. (Falls Sie keine beschichtete Pfanne haben, die Filets vor dem Braten etwas mehlieren, damit sie nicht anhaften.) Die Filets salzen, pfeffern und mit der Haut nach unten in das heiße Öl einlegen. Bei mittlerer Hitze von jeder Seite 5 Minuten braten.

Die gebratenen Meerbrassenfilets auf Tellern anrichten, mit etwas Passionsfruchtcreme überziehen und mit Limettenspalten und Schnittlauch garnieren. Heiß servieren.

Knusprig gebratenes Snapperfilet
mit Kürbissauce

Vorbereitung: 15 Minuten • Garzeit: 15 Minuten • Für 4 Personen

4 Knoblauchzehen
20 g frische Ingwerwurzel
1 Stängel Zitronengras
300 g *Giraumon*-Kürbis*
3 Tomaten
5 EL Pflanzenöl
1 kleiner, sehr milder Chili
(piment végétarien)*
Salz und frisch gemahlener
Pfeffer
2 TL feiner Zucker
1 kg Snapperfilet mit Haut
1 Limette
Frisch gehackte Kräuter zum
Garnieren (nach Belieben)
Gerösteter Knoblauch zum
Garnieren (nach Belieben)

Den Knoblauch, den Ingwer und das Zitronengras fein hacken. Den Kürbis schälen und in kleine Würfel schneiden; die Tomaten häuten und das Fruchtfleisch fein würfeln.

In einem Topf 2 Esslöffel des Öls erhitzen. Das Kürbisfleisch, die Tomaten, den Knoblauch, den Ingwer, das Zitronengras und den Chili hineingeben und zugedeckt 10 Minuten bei schwacher Hitze garen. Wird die Mischung zu trocken, etwas Wasser zugießen.

Die Mischung in der Küchenmaschine pürieren. Die Sauce mit Salz, Pfeffer und dem Zucker würzen, gründlich verrühren und warm stellen.

Das Snapperfilet in vier gleich große Portionen schneiden. Salzen und pfeffern. Die restlichen 3 Esslöffel Öl in eine sehr heiße Pfanne geben, die Snapperfilets mit der Hautseite nach unten einlegen und 2–3 Minuten braten. Wenden und von der anderen Seite weitere 1–2 Minuten braten. Die Limette vierteln und über dem Fisch auspressen.

Die Snapperfilets anrichten, mit der Kürbissauce überziehen und nach Belieben mit frisch gehackten Kräutern und geröstetem Knoblauch garnieren.

Langustenschwänze in Tomaten-Limettensud

Vorbereitung: 15 Minuten • Garzeit: 30 Minuten • Für 4 Personen

1 kg kleine Langustenschwänze mit Schale
1 Schalotte
1 Zweig Koriandergrün
3 Zweige frischer Thymian
1 Zweig Petersilie
3 sehr reife Tomaten
3 EL Erdnussöl
2 Lorbeerblätter
1 Habanero-Chili (piment antillais*)
2 El Tomatenmark
25 g Fischfondpaste (oder 200 ml Fischfond)
Saft von 3 Limetten, plus Limettensaft zum Abschmecken
Salz und frisch gemahlener Pfeffer
2 Knoblauchzehen, gehackt (nach Belieben)
1 TL Maisstärke
Schnittlauchröllchen zum Garnieren (nach Belieben)

Die Langustenschwänze ungeschält in Stücke schneiden. (Wenn Sie lebende Langusten verwenden, müssen diese in reichlich sprudelnd kochendem Wasser getötet werden. Das dauert etwa 1–2 Minuten.)

Die Schalotte und die Kräuter fein hacken, die Tomaten enthäuten und würfeln. In einem Schmortopf das Öl erhitzen, die Schalotte, die Kräuter und die Tomatenwürfel darin anschwitzen, die Lorbeerblätter zugeben und alles bei schwacher Hitze 5 Minuten behutsam garen. Dabei beständig mit einem Holzlöffel rühren.

Die Langustenstücke einlegen und so viel Wasser zugießen, dass sie fast bedeckt sind. Den ganzen Chili, das Tomatenmark, die Fischfondpaste und den Limettensaft unterrühren und zugedeckt bei schwacher Hitze 20 Minuten garen (wenn Sie Fischfond verwenden, die Wassermenge entsprechend reduzieren). Am Ende der Garzeit sollte die Sauce von leicht sämiger Konsistenz sein.

Den Topf vom Herd nehmen und die Sauce nach Belieben mit Salz, Pfeffer, gehacktem Knoblauch und weiterem Limettensaft abschmecken. Die Maisstärke in 40 Milliliter Wasser auflösen, unter die Sauce rühren und nochmals kurz aufkochen, bis die Stärke gebunden hat. Die Langustenstücke anrichten, die Sauce durch ein Sieb passieren und über die Krustentiere schöpfen. Nach Belieben mit Schnittlauchröllchen garnieren und servieren.

Garnelen-Hähnchenpfanne mit Chili

Vorbereitung: 20 Minuten • Garzeit: 10 Minuten • Für 4 Personen

10 g frische Ingwerwurzel
1 Knoblauchzehe
2 Vogelaugen-Chilis (*piments oiseau* *)
1 Zweig Kerbel
1 rote Paprikaschote
1 grüne Paprikaschote
12 große Garnelen
500 g Hähnchenbrustfilet ohne Haut
2 EL Erdnussöl
2 EL Balsamico-Essig
Saft von 1 Limette
Salz und frisch gemahlener Pfeffer
1 Prise feiner Zucker
Kaffir-Limettenblätter oder Basilikum zum Garnieren

Den Ingwer und den Knoblauch fein hacken. Die Chilis in dünne Streifen schneiden. Den Kerbel grob hacken, die Paprikaschoten fein würfeln.

Die Garnelen schälen, Kopf und Darm entfernen. Je nach Belieben und Größe ganz lassen oder in Streifen schneiden. Die Hähnchenbrustfilets in Streifen schneiden.

In einer Pfanne das Öl erhitzen. Den Ingwer, den Knoblauch, die Chilis, die Paprikawürfel und den Kerbel darin 2 Minuten bei mittlerer Hitze anschwitzen. Mit dem Balsamico ablöschen, sofort das Hähnchenfleisch und den Limettensaft zugeben und 1 Minute pfannenrühren. Die Garnelen untermischen, mit Salz und Pfeffer würzen und bei mäßiger Hitze weitere 5 Minuten unter Rühren garen.

Nach Ende der Garzeit mit der Prise Zucker abrunden und nach Belieben mit in Streifen geschnittenen Kaffir-Limettenblättern oder Basilikum garnieren. Dazu passen gekochte Süßkartoffeln.

Medaillons von rotem Thunfisch mit Riesengarnelen und karamellisierten Mangos

Vorbereitung: 20 Minuten • Garzeit: 10–15 Minuten • Für 4 Personen

500 g rotes Thunfischfilet
8 Riesengarnelen
2 Mangos
¼ Vogelaugen-Chili (piment oiseau*)
¼ rote Paprikaschote
6 Basilikumblätter
2 Knoblauchzehen
1 EL Olivenöl, plus Öl zum Beträufeln
Salz und frisch gemahlener Pfeffer
Butter zum Einfetten
Mehl zum Bestäuben
1 EL feiner Zucker
Saft von 1 Orange

Das Thunfischfilet in dünne Scheiben schneiden. Die Garnelen schälen, von Köpfen und Därmen befreien und fein hacken.

Die Mangos schälen und das Fruchtfleisch rund um den harten Stein in Scheiben herunterschneiden. Den Chili, die Paprika und die Basilikumblätter im Mixer zermahlen. Den Knoblauch grob hacken.

In einer Pfanne das Öl erhitzen. Die Chilimischung 2 Minuten anschwitzen, das Garnelenfleisch und den Knoblauch zugeben und weitere 2 Minuten bei lebhafter Hitze garen. Salzen und pfeffern.

Den Ofen auf 200 °C vorheizen. Eine große, ofenfeste Form ausbuttern und mit Mehl ausstreuen. Vier Thunfischscheiben einlegen und mit je 1 Esslöffel der Garnelenmischung bedecken. Eine weitere Scheibe Thunfisch auflegen und den Vorgang wiederholen, bis sämtliche Zutaten verbraucht sind. Die Medaillons leicht salzen und im Ofen 5 Minuten garen.

In einer Pfanne den Zucker karamellisieren lassen. Den Orangensaft zugießen und 2 Minuten unter Rühren garen, bis sich der Karamell vollständig aufgelöst hat. Die Mangoscheiben einlegen und in der Sauce wenden.

Die Thunfisch-Medaillons mit den Mangos anrichten. Die Mangoscheiben mit ihrer Sauce überziehen, mit etwas Olivenöl beträufeln und servieren.

Haifisch-Colombo mit grünen Tomaten

Marinieren: 12 Stunden • Vorbereitung: 15 Minuten • Garzeit: 15 Minuten
• Für 4 Personen

4 dicke Scheiben Haifischfilet
1 EL Salz
3 Knoblauchzehen, fein gehackt
1 TL Thymianblüten
1 unbehandelte Limette, plus
Saft von 2 weiteren Limetten
2 Habanero-Chilis (piments
antillais*)
2 EL Erdnussöl
1 Zwiebel, gehackt
1 EL gehackte
Frühlingszwiebel
1 EL gehackte glatte Petersilie
1 EL frisch gehackte
Ingwerwurzel
Einige Zweige Koriandergrün,
gehackt, plus einige Zweige
zum Garnieren (nach Belieben)
4 grüne Tomaten, fein ge-
würfelt
1 Prise gemahlener
Kreuzkümmel
3 EL colombo*
Salz und frisch gemahlener
Pfeffer

Die Haifischscheiben von der Haut befreien, in Würfel schneiden und in einer flachen Schüssel mit kaltem Wasser bedecken. 1 Esslöffel Salz, 1 gehackte Knoblauchzehe und die Hälfte der Thymianblüten zugeben. Die unbehandelte Limette vierteln, den Saft über den Haifischstücken auspressen und auch die Schalen untermischen. 1 Chili grob zerkleinern und ebenfalls einlegen. Die Mischung pfeffern und 12 Stunden im Kühlschrank marinieren lassen.

In einer Kasserolle das Erdnussöl erhitzen. Die Zwiebel, die Frühlingszwiebel, den restlichen Knoblauch, die Petersilie, die restlichen Thymianblüten, den Ingwer und das Koriandergrün unter Rühren anschwitzen. Die Tomatenwürfel zugeben und weitere 1–2 Minuten unter Rühren garen. Mit dem Kreuzkümmel und Pfeffer würzen.

Das Colombo-Pulver mit etwas Wasser verrühren, mit dem Saft einer Limette unter die Zwiebel-Tomaten-Mischung mengen und zum Kochen bringen. Die abgetropften Haifischstücke, zwei kleine Kellen der Marinade (die Chilistücke zuvor entfernen) und so viel Wasser zugeben, dass die Haifischstücke gerade so bedeckt sind. Mit Salz und Pfeffer abschmecken. Die noch ganze Chilischote einlegen und 10 Minuten auf kleiner Flamme garen.

Sobald der Haifisch gar ist, den Chili herausnehmen (darauf achten, dass er unversehrt bleibt) und den restlichen Limettensaft unterrühren.

Das Haifisch-Colombo auf einer Platte oder in einer Schüssel anrichten und nach Belieben mit Korianderzweigen garnieren. Dazu passt ein kreolischer Reis (siehe Seite 226).

Überbackene Chayoten mit Jakobsmuscheln

Vorbereitung: 15 Minuten • Garzeit: 40 Minuten • Für 4 Personen

3 Chayoten (*christophines**)
1 Schalotte
1 Knoblauchzehe
Die Spitze von 1 Habanero-Chili (*piment antillais**)
2 Zweige Koriandergrün
1 Zweig Dill
1 Zweig Petersilie
2 EL Olivenöl
12 ausgelöste Jakobsmuscheln
Salz und frisch gemahlener Pfeffer
Etwas frisch abgeriebene Ingwerwurzel
1 Prise Safran
Saft von 1 Limette
Saft von 1 Orange
1 EL Schnittlauchröllchen zum Garnieren

Die Chayoten der Länge nach halbieren, den Samen entfernen und 20 Minuten in sprudelnd kochendem Wasser garen. Die gegarten Früchte herausheben, etwas abkühlen lassen und mit einem Teelöffel vorsichtig das Fruchtfleisch herauslösen, ohne die Schale zu beschädigen. Die Schalen zurückbehalten, das Fruchtfleisch würfeln. Die Schalotte, den Knoblauch, die Chilispitze und die Kräuter fein hacken.

In einer Pfanne das Öl erhitzen und die Jakobsmuscheln darin rundherum anbraten. Die Muscheln aus der Pfanne nehmen, mit Salz und Pfeffer würzen und beiseite stellen. Die Schalotte, den Knoblauch, den Chili, die Kräuter und etwas frisch geriebenen Ingwer in die Pfanne geben und unter regelmäßigem Rühren 15 Minuten sanft garen. Die Chayotenwürfel, den Safran sowie den Limetten- und Orangensaft unterrühren. Die Jakobsmuscheln zurück in die Pfanne geben und 2–3 Minuten in der Mischung ziehen lassen.

Die Jakobsmuscheln und die Chayotenwürfel gleichmäßig in die ausgehöhlten Fruchtschalen einfüllen. Die Sauce noch etwas einkochen lassen und darüberziehen. Mit den Schnittlauchröllchen bestreuen und heiß servieren.

Meeresschnecken-Ravioli in Krabben-Tomatensauce

Vorbereitung: 30 Minuten (ohne Nudelteig) • Garzeit: 10 Minuten • Für 4 Personen

1 kg kleine, ausgelöste *lambis** (ersatzweise Abalonen oder Wellhornschnecken)
Zitronensaft
1 Knoblauchzehe
2 Stücke Zitronengras
100 g junger Spinat
1 Zweig Koriandergrün
1 Zweig glatte Petersilie
2 EL Erdnussöl
Salz und frisch gemahlener Pfeffer
1 Prise Chilipulver
Saft von 2 Limetten
Etwa 400 g frischer Eiernudelteig (siehe unten)
1 Eiweiß
250 ml Hühnerbrühe
200 g gegartes Krabbenfleisch, zerpflückt
1 EL Tomatenmark
Frühlingszwiebelröllchen zum Garnieren

Die Schnecken säubern (siehe Seite 56) und mit etwas Zitronensaft beträufeln. Mit einem Plattiereisen zart klopfen und in kleine Würfel schneiden. Das Schneckenfleisch im Mixer pürieren und beiseite stellen.

Den Knoblauch, ein Stück Zitronengras, den Spinat, das Koriandergrün und die Petersilie hacken und in einer Pfanne in dem heißen Öl anschwitzen. Das pürierte Schneckenfleisch zugeben, mit Salz, Pfeffer und dem Chilipulver würzen und 1–2 Minuten garen. Den Saft einer Limette unterrühren und die Mischung erkalten lassen.

Sobald die Farce abgekühlt ist, die Ravioli zubereiten: Den Nudelteig möglichst dünn ausrollen und mit einem Teigrädchen oder einem Ausstechring runde Scheiben von etwa 5–7 cm Durchmesser ausschneiden. Mit einem Teelöffel etwas Farce auf die eine Teighälfte setzen und die andere Hälfte so darüberschlagen, dass Halbmonde entstehen. Die Ränder mit dem Eiweiß bestreichen, damit sie besser halten, und zusammendrücken.

Die Hühnerbrühe, das Krabbenfleisch und das Tomatenmark in einem großen Topf vermengen. Das zweite Stück Zitronengras einlegen, mit Salz und Pfeffer würzen und zum Kochen bringen. Die Ravioli vorsichtig hineingeben und bei schwacher Hitze 5 Minuten gar ziehen. Ab und zu behutsam umrühren, damit sie nicht aneinander kleben. Gegebenenfalls in mehreren Durchgängen arbeiten.

Die Ravioli auf einer Platte oder auf Tellern anrichten. Die Sauce mit dem restlichen Limettensaft abschmecken; das Zitronengras herausnehmen. Über die Ravioli schöpfen, mit einigen Frühlingszwiebelröllchen garnieren und heiß servieren.

Eiernudelteig: In einer Schüssel 3 Eier, 1 Esslöffel Öl und ½ Teelöffel Salz verrühren. Nach und nach 200 g gesiebtes Mehl einarbeiten und mit dem Handballen einige Minuten durchkneten, bis sich ein glatter, seidiger Teig gebildet hat. In Klarsichtfolie wickeln und 30–60 Minuten an einem warmen Ort ruhen lassen.

Kreolischer Meeresfrüchterisotto

Vorbereitung: 20 Minuten • Garzeit: 25 Minuten • Für 4 Personen

8 große Garnelen
200 g Rundkornreis (Arborio)
8 Schalotten
3 Knoblauchzehen
2 Frühlingszwiebeln
½ Habanero-Chili *(piment antillais*)*
6 Basilikumblätter
1 EL Olivenöl
400 g gemischte, ausgelöste /
geschälte Meeresfrüchte
(Herz-, Venus-, Miesmuscheln,
Kalmare, Garnelen ...)
½ TL Safranfäden
Salz und frisch gemahlener
Pfeffer
1,5 l Fischfond
Saft von 1 Limette
2 EL Crème fraîche
100 g geriebener Parmesan

Die Garnelen bis auf das Schwanzsegment schälen und von Kopf und Darm befreien. Den Reis in kaltem Wasser gründlich waschen und abtropfen lassen.

Die Schalotten, den Knoblauch, die Frühlingszwiebeln, den Chili und das Basilikum hacken und in einem Topf in dem heißen Olivenöl 2–3 Minuten anschwitzen. Die Garnelen und die gemischten Meeresfrüchte zugeben und gründlich verrühren. Mit dem Safran sowie Salz und Pfeffer würzen und den Fischfond zugießen. Die Mischung 2 Minuten kochen lassen, dann den Reis einrühren.

Den Risotto auf kleiner Flamme unter gelegentlichem Rühren etwa 20 Minuten garen, bis er sämtliche Flüssigkeit aufgenommen hat. Er sollte von cremiger Konsistenz sein. Vom Herd nehmen und den Limettensaft und die Crème fraîche unterziehen. Den Risotto heiß mit geriebenem Parmesan servieren.

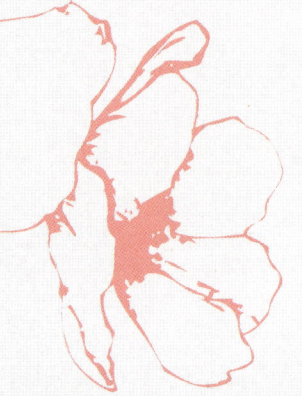

Geschmorter Krake in Tomatensauce mit feinen Kräutern und Limettensaft

Vorbereitung: 30 Minuten • Garzeit: 40 Minuten • Für 6 Personen

2 kg kleine Kraken (*chatrous**)
Saft von 3 Limetten
1 rote Zwiebel
3 Knoblauchzehen
2 kleine Frühlingszwiebeln
1 Zweig Petersilie
1 Zweig frischer Thymian
4 große, vollreife Tomaten
3 EL Olivenöl
1 EL Tomatenmark
1 Habanero-Chili (*piment antillais**)
Salz und frisch gemahlener Pfeffer

Die Kraken säubern: Den Körperbeutel nach außen stülpen, die Innereien herausziehen und wegwerfen. Die Augen und den Magensack abschneiden. Das Kauwerk aus der Mitte der Tentakeln herauspressen und ebenfalls wegschneiden. Die Kraken gründlich waschen und in nicht zu große Würfel schneiden. Mit dem Saft einer Limette beträufeln und beiseite stellen. Die Zwiebel und den Knoblauch würfeln; die Frühlingszwiebeln, die Petersilie und den Thymian fein hacken. Die Tomaten grob würfeln.

In einem Schmortopf das Öl erhitzen und das Krakenfleisch darin bei lebhafter Hitze 2–3 Minuten unter ständigem Rühren anschwitzen. Die Zwiebel, zwei gehackte Knoblauchzehen, die Frühlingszwiebeln sowie die Kräuter, die Tomatenwürfel und das Tomatenmark zugeben. Den Chili im Ganzen einlegen, mit Salz und Pfeffer würzen und so viel Wasser zugießen, dass sämtliche Zutaten gerade bedeckt sind.

Das Krakenfleisch zugedeckt 30 Minuten bei mittlerer Hitze schmoren. Die Temperatur etwas reduzieren und falls nötig noch etwas Wasser zugießen. Weitere 5 Minuten leise köcheln lassen, bis die Sauce emulgiert ist. Den restlichen Limettensaft und Knoblauch unterrühren und heiß servieren.

Gefüllte Schwertfischsteaks mit Wasabi-Sauce

Marinieren: 12–24 Stunden • Vorbereitung: 10 Minuten • Garzeit: 25 Minuten
• Für 4 Personen

4 dicke Schwertfischsteaks
1 Schalotte
1 Knoblauchzehe
¼ Vogelaugen-Chili *(piment oiseau*)*
1 Zweig Petersilie
2 EL Pflanzenöl
200 g gegartes Krabbenfleisch
Salz und frisch gemahlener Pfeffer
Saft von 1 Limette
Butter zum Einfetten
20 g Wasabi-Pulver*
1 TL gemahlene Kurkuma

Am Vortag eine Marinade für Fisch zubereiten (siehe Seite 240). Die Schwertfischsteaks waschen und 24 Stunden darin einlegen.

Die Schalotte, den Knoblauch, den Chili und die Petersilie fein hacken und in einer Pfanne in 1 Esslöffel des Öls bei mäßiger Hitze 2–3 Minuten anschwitzen. Das Krabbenfleisch zugeben, salzen, pfeffern und weitere 3–4 Minuten sanft garen. Den Limettensaft unter die Mischung rühren und beiseite stellen.

Den Ofen auf 200 °C vorheizen. Die Schwertfischsteaks aus der Marinade heben; die Marinade zurückbehalten. Die Steaks seitlich so einschneiden, dass eine Tasche entsteht. Die vorbereitete Farce in die Taschen einfüllen und mit einem kleinen Holzspieß verschließen. Die gefüllten Steaks mit Salz und Pfeffer würzen.

Eine ofenfeste Form mit Butter einfetten. Die gefüllten Schwertfisch-steaks einlegen und im Ofen 20 Minuten garen.

Inzwischen das Wasabi-Pulver mit 4 Esslöffeln der Marinade, dem rest-lichen Esslöffel Öl und dem Kurkuma-Pulver im Mixer pürieren. Mit Salz und Pfeffer abschmecken und durch ein feines Sieb passieren. Die Steaks mit der Wasabi-Sauce überziehen und heiß servieren.

Spaghetti mit Meeresfrüchten und jungem Gemüse

Vorbereitung: 20 Minuten • Garzeit: 30 Minuten • Für 4 Personen

1 Schalotte
2 Knoblauchzehen
2 kleine Frühlingszwiebel
1 Zweig Koriandergrün
1 Zweig frischer Thymian
3 Tomaten
100 g grüne Paprikaschote
50 g entsteinte grüne Oliven
200 g Brokkoliröschen
100 g frische junge Erbsen
Butter
200 g Spaghetti
400 g ausgelöste *lambis**
(ersatzweise Abalonen oder
Wellhornschnecken)
3 EL Olivenöl
200 g große Garnelen,
Schwänze geschält
1 Vogelaugen-Chili (*piment
oiseau**)
1 TL gemahlene Kurkuma
Salz und frisch gemahlener
Pfeffer

Die Schalotte, den Knoblauch, die Frühlingszwiebeln, das Koriandergrün und den Thymian fein hacken. Die Tomaten und die Paprika in kleine Würfel schneiden; die Oliven hacken. Die Brokkoliröschen in kochendem Wasser 1 Minute bissfest blanchieren und kalt abschrecken. Die Erbsen 2 Minuten in Butter schwenken. Beiseite stellen.

Die Spaghetti in reichlich kochendem Salzwasser *al dente* kochen. Kalt abschrecken, abtropfen lassen und beiseite stellen. Die *lambis* 20 Minuten im Schnellkochtopf garen (andere Seeschnecken, zum Beispiel Wellhornschnecken, benötigen nur etwa die Hälfte der Garzeit).

Das Öl in einem Topf erhitzen. Die Schalotte, den Knoblauch, die Frühlingszwiebeln, das Koriandergrün, den Thymian und die Tomaten anschwitzen und die Mischung bei schwacher Hitze in 3–4 Minuten etwas eindicken lassen.

Die Schnecken, die Garnelen, die Oliven, die Paprikawürfel, den unzerkleinerten Chili und die Kurkuma zugeben und mit Salz und Pfeffer würzen. Gründlich vermengen und einige Minuten weitergaren. Die abgetropften Spaghetti zugeben. Kurz vor dem Servieren die Brokkoliröschen und Erbsen untermengen. Nochmals kurz erhitzen und alles gut durchmischen.

Anmerkung: Das Gericht lässt sich gut variieren, indem andere Gemüsesorten verwendet oder die Schnecken durch Muscheln ersetzt werden.

Gebratene Thunfisch-Tournedos mit pikanter Garnelensauce

Marinieren: 5 Stunden • Vorbereitung: 10 Minuten • Garzeit: 10 Minuten
• Für 4 Personen

800 g rotes Thunfischfilet
2 EL Pflanzenöl
2 Knoblauchzehen, fein gehackt
3 große Garnelen, geschält und vom Darm befreit
Salz und frisch gemahlener Pfeffer
Saft von 1 Limette
Etwas frisch geriebene Ingwerwurzel
3 kleine Frühlingszwiebeln, fein gehackt
1 Vogelaugen-Chili (piment oiseau*)
50 ml Weißwein
1 rote Zwiebel, in Ringe geschnitten und frittiert
Schnittlauch zum Garnieren
Ingwerstreifen zum Garnieren (nach Belieben)

Das Thunfischfilet in vier gleich große Steaks schneiden und in eine runde Form bringen – wie Tournedos. Mit Küchengarn umwickeln und verschnüren, damit sie beim Braten die Form bewahren. Eine Marinade für Fisch zubereiten (siehe Seite 240), die Tournedos darin einlegen und 5 Stunden marinieren.

Das Öl in einer Pfanne erhitzen, den Knoblauch kurz anrösten. Die Tournedos einlegen, von beiden Seiten in 2–3 Minuten bei mittlerer Hitze goldbraun braten (sie sollen noch einen rohen Kern haben). Aus der Pfanne nehmen und warm stellen. Die Temperatur erhöhen, die Garnelen einlegen und mit Salz und Pfeffer würzen. Bei lebhafter Hitze 5 Minuten von beiden Seiten braten. Den Limettensaft, den Ingwer, die Frühlingszwiebeln und den Chili zugeben und noch einige Sekunden weitergaren.

Die Garnelenmischung im Mixer pürieren, zurück in die Pfanne geben und den Weißwein unterrühren. Die Sauce noch 2 Minuten köcheln lassen und durch ein Sieb passieren.

Die Thunfisch-Tournedos anrichten. Mit den frittierten Zwiebelringen, den Schnittlauchröllchen und – nach Belieben – mit Ingwer garnieren und mit der Sauce servieren.

Haifisch im Limettensud mit Mehlklößchen

Marinieren: 12–24 Stunden • Vorbereitung: 15 Minuten •
Garzeit: 30–35 Minuten • Für 4 Personen

800 g Haifischfilet
1 Zwiebel
1 Schalotte
3 Knoblauchzehen
1 Zweig Petersilie
1 Zweig frischer Thymian
4 Tomaten
2 EL Pflanzenöl
1 EL *beurre rouge** (oder
Achiote-Paste)
1 Lorbeerblatt
200 g Mehl
Salz und frisch gemahlener
Pfeffer
Saft von 2 Limetten

Am Vortag eine Marinade für Fisch zubereiten (siehe Seite 240). Das Haifischfilet in große Würfel oder in Scheiben schneiden und 24 Stunden darin einlegen.

Die Zwiebel, die Schalotte, den Knoblauch, die Petersilie und den Thymian hacken. Die Tomaten häuten, entkernen und das Fruchtfleisch ebenfalls hacken.

In einem Topf das Öl erhitzen und die Zwiebel, die Schalotte, den Knoblauch sowie die gehackten Kräuter darin anschwitzen. Die *beurre rouge*, die Tomaten und das Lorbeerblatt zugeben und bei lebhafter Hitze 5–10 Minuten garen. Die marinierten Haifischstücke einlegen, mit Wasser bedecken und weitere 10 Minuten köcheln lassen.

Während der Haifisch gart, die Mehlklößchen zubereiten: Das Mehl mit etwas kaltem Wasser befeuchten. Salzen, pfeffern und zu einem festen Teig verkneten. Den Teig mit dem Handballen auf der Arbeitsfläche zu kleinen Kugeln rollen. Den Fisch, sobald er gar ist, aus der Sauce heben und anschließend die Mehlklößchen darin 15 Minuten garen.

Sobald die Mehlklößchen gar sind, die Haifischstücke wieder einlegen, den Limettensaft unterrühren und das Gericht heiß servieren.

Anmerkung: In der kreolischen Küchensprache heißen diese häufig als Beilage gereichten kleinen Mehlklöße *dombrés*.

Krabben-Matoutou

Marinieren: 7 Stunden • Vorbereitung: 40 Minuten •
Garzeit: 30–35 Minuten • Für 4 Personen

2 Krabben
Saft und Schale von 1 un-
behandelten Limette, plus
Saft von 2 Limetten zum
Abschmecken
2 EL Erdnussöl
1 Zwiebel, fein gehackt
1 Schalotte, fein gehackt
2 kleine Frühlingszwiebeln,
fein gehackt
3 Knoblauchzehen, fein gehackt
1 Bund glatte Petersilie, fein
gehackt
1 Zweig frischer Thymian,
fein gehackt
2 Tomaten, fein gewürfelt
3 dünne Scheiben durchwachsener Räucherspeck, fein gewürfelt
Salz und frisch gemahlener
weißer Pfeffer
1 TL gemahlener
Kreuzkümmel
2 Gewürznelken
1 Habanero-Chili (*piment
antillais**)
1 Pimentblatt (ersatzweise
Lorbeer)
1 Prise Currypulver
2 EL Olivenöl
150 g Thai-Reis, gewaschen
Gehackte Petersilie zum
Garnieren (nach Belieben)

Eine Marinade für Fisch zubereiten (siehe Seite 240). Lebende Krabben in 1–2 Minuten in sprudelnd kochendem Salzwasser oder einer Court-Bouillon töten. Die Scheren und Beine vom Körper abtrennen, die Scheren mit einem Messer aufbrechen. Die Krabbenkörper spalten und jede Hälfte nochmals halbieren. Die Krabben 3 Stunden in die Marinade einlegen.

Den Saft und die Schale von einer Limette unter die Marinade mischen und die Krustentiere weitere 4 Stunden im Kühlschrank marinieren.

Das Erdnussöl in einem großen Schmortopf erhitzen. Die Zwiebel, die Schalotte, die Frühlingszwiebeln, den Knoblauch, die Petersilie, den Thymian und die Tomatenwürfel hineingeben und bei milder Hitze unter Rühren einige Minuten anschwitzen. Die marinierten Krabbenstücke und die Speckwürfel zufügen – die Marinade zurückbehalten – und mit sehr wenig Salz, weißem Pfeffer, dem Kreuzkümmel und den Nelken würzen. Den ganzen Chili und das Piment- oder Lorbeerblatt einlegen und alles gut durchmischen. Zwei Kellen der Marinade und so viel Wasser zugießen, dass alle Zutaten bedeckt sind.

Die Mischung auf kleiner Flamme 10–15 Minuten garen. Den Curry, das Olivenöl, den Thai-Reis und den restlichen Limettensaft unterrühren und weitere 15 Minuten garen.

Das Krabben-*Matoutou* anrichten, mit dem ganzen Chili und nach Belie-ben mit gehackter Petersilie garnieren und servieren.

Anmerkung: *Matoutou* (auch *Matete*) wird traditionell zu Ostern gegessen.

Kreolische Paella

Vorbereitung: 20 Minuten • Garzeit: 50–60 Minuten • Für 4 Personen

4 Hähnchenkeulen
4 *ouassous** (ersatzweise
große Süßwassergarnelen)
200 g Krake oder
Kalmartuben, küchenfertig
gesäubert
400 g ausgelöste *lambis**
(ersatzweise Abalonen oder
Wellhornschnecken)
200 g Miesmuscheln
200 g Herzmuscheln
1 rote Zwiebel
2 Knoblauchzehen
2 Frühlingszwiebeln
4 Zweige Petersilie
1 rote Paprikaschote
1 grüne Paprikaschote
3 EL Pflanzenöl
1 EL Paella-Gewürz (in spa-
nischen Lebensmittelläden
erhältlich)
1 Lorbeerblatt
1 Habanero-Chili *(piment
antillais*)*
2 Gewürznelken
Salz und frisch gemahlener
Pfeffer
150 g frische, gepalte Erbsen
250 g Langkornreis
Saft von 2 Limetten

Die Hähnchenkeulen an den Gelenken in zwei Teile schneiden. Die *ouassous* nach Belieben von den Köpfen befreien, aber nicht schälen. Das Krakenfleisch oder die Kalmartuben gründlich waschen und in Stücke oder Ringe schneiden. Die Meeresschnecken waschen, falls nötig, zart klopfen und ebenfalls in Stücke schneiden. Die Miesmuscheln und Herzmuscheln abbürsten und gründlich waschen.

Die Zwiebel, den Knoblauch, die Frühlingszwiebeln und die Petersilie fein hacken. Die Paprikaschoten fein würfeln.

In einer Paellapfanne das Öl erhitzen. Die Hähnchenstücke einlegen und bei mittlerer Hitze 5 Minuten von allen Seiten anbraten. Das Kraken- oder Kalmarfleisch zugeben, gut umrühren und weitere 10 Minuten sanft schmoren. Das Paella-Gewürz, das Lorbeerblatt, den ganzen Chili und die Nelken untermischen und mit Salz und Pfeffer würzen.

Die Meeresschnecken, die Erbsen, die Paprikawürfel, die Zwiebel, die Frühlingszwiebeln, den Knoblauch und die Petersilie zugeben und alles mit Wasser bedecken. Unbedeckt auf kleiner Flamme 10 Minuten garen. Die *ouassous* und die Muscheln hinzufügen. Den Reis hineingeben, bei Bedarf noch etwas Wasser zugießen und bei milder Hitze weitere 20 Minuten garen, bis sämtliche Flüssigkeit verkocht und der Reis weich ist. Ungeöffnete Muscheln aussortieren und wegwerfen. Zuletzt den Limettensaft unterrühren. Die Paella heiß servieren.

Macadam

Wässern: 24 Stunden • Vorbereitung: 30 Minuten • Garzeit. 15–20 Minuten
• Für 4 Personen

1 kg Klippfisch ohne Gräten
1 Zwiebel
2 Knoblauchzehen
2 Zweige Petersilie
1 Zweig frischer Thymian
200 g sehr reife Tomaten
3 EL Olivenöl
1 Lorbeerblatt
50 g Mehl
Salz und frisch gemahlener
Pfeffer
1 Vogelaugen-Chili (piment oiseau*)
Saft von 1 Limette

Den Klippfisch zum Entsalzen 24 Stunden in reichlich kaltem Wasser einweichen. Das Wasser mehrmals erneuern. Am nächsten Tag in sprudelnd kochendem Wasser 10–15 Minuten kochen. Abtropfen und abkühlen lassen und anschließend das Fleisch zerpflücken.

Die Zwiebel, den Knoblauch, die Petersilie und den Thymian fein hacken. Die Tomaten in kleine Würfel schneiden. Das Öl in einem Topf erhitzen und die gehackten Zutaten darin anschwitzen. Die Tomatenwürfel und das Lorbeerblatt zugeben und mit dem Mehl abstäuben. Salzen und pfeffern. Den Chili hacken, unter die Mischung rühren und bei mittlerer Hitze weitere 2–3 Minuten garen.

Den zerpflückten Klippfisch zugeben, sorgfältig verrühren und noch 2–3 Minuten garen, bis der Fisch durch und durch heiß ist. Abseits des Herdes den Limettensaft untermischen. Mit Reis servieren.

Klippfisch nach Art von Martinique

Wässern: 24 Stunden • Vorbereitung: 30 Minuten • Garzeit: 20 Minuten
• Für 4 Personen

500 g Klippfisch
1 Zwiebel
1 Schalotte
2 Knoblauchzehen
3 Frühlingszwiebeln
3 Zweige glatte Petersilie
1 Zweig frischer Thymian
1 Habanero-Chili *(piment antillais*)*
4 sehr reife Tomaten
200 g altbackenes Weißbrot
1 Prise Nelkenpulver
Salz und frisch gemahlener Pfeffer
Saft von 1 Limette
3 grüne Kochbananen*, gekocht
4 schöne Bananenblätter zum Servieren (nach Belieben)

Den Klippfisch zum Entsalzen 24 Stunden in reichlich kaltem Wasser einweichen. Das Wasser nach Möglichkeit regelmäßig wechseln.

Am nächsten Tag den Klippfisch in frischem Wasser 15 Minuten kochen. Abtropfen und abkühlen lassen und von Haut und etwaigen Gräten befreien. Das Fleisch zerpflücken.

Die Zwiebel, die Schalotte, den Knoblauch, die Frühlingszwiebeln, die Petersilie, den Thymian und den Chili fein hacken. Die Tomaten in kleine Würfel schneiden. Das altbackene Brot in Wasser einweichen.

In einem Topf das Öl erhitzen und die fein gehackten Zutaten darin anschwitzen. Die Tomatenwürfel zugeben und 5–10 Minuten garen. Den zerpflückten Klippfisch untermischen, mit Salz und Pfeffer abschmecken und weitere 10 Minuten garen. Zuletzt den Limettensaft unterrühren.

Das eingeweichte Brot gut ausdrücken und mit den Fingern zerpflücken. Die gekochten Bananen in Scheiben schneiden. Das zerpflückte Brot in den Bananenblättern oder auf Tellern verteilen und mit einer Schicht Bananenscheiben bedecken. Den Klippfisch darauf anrichten und servieren.

FLEISCH & GEFLÜGEL

GEWÜRZE

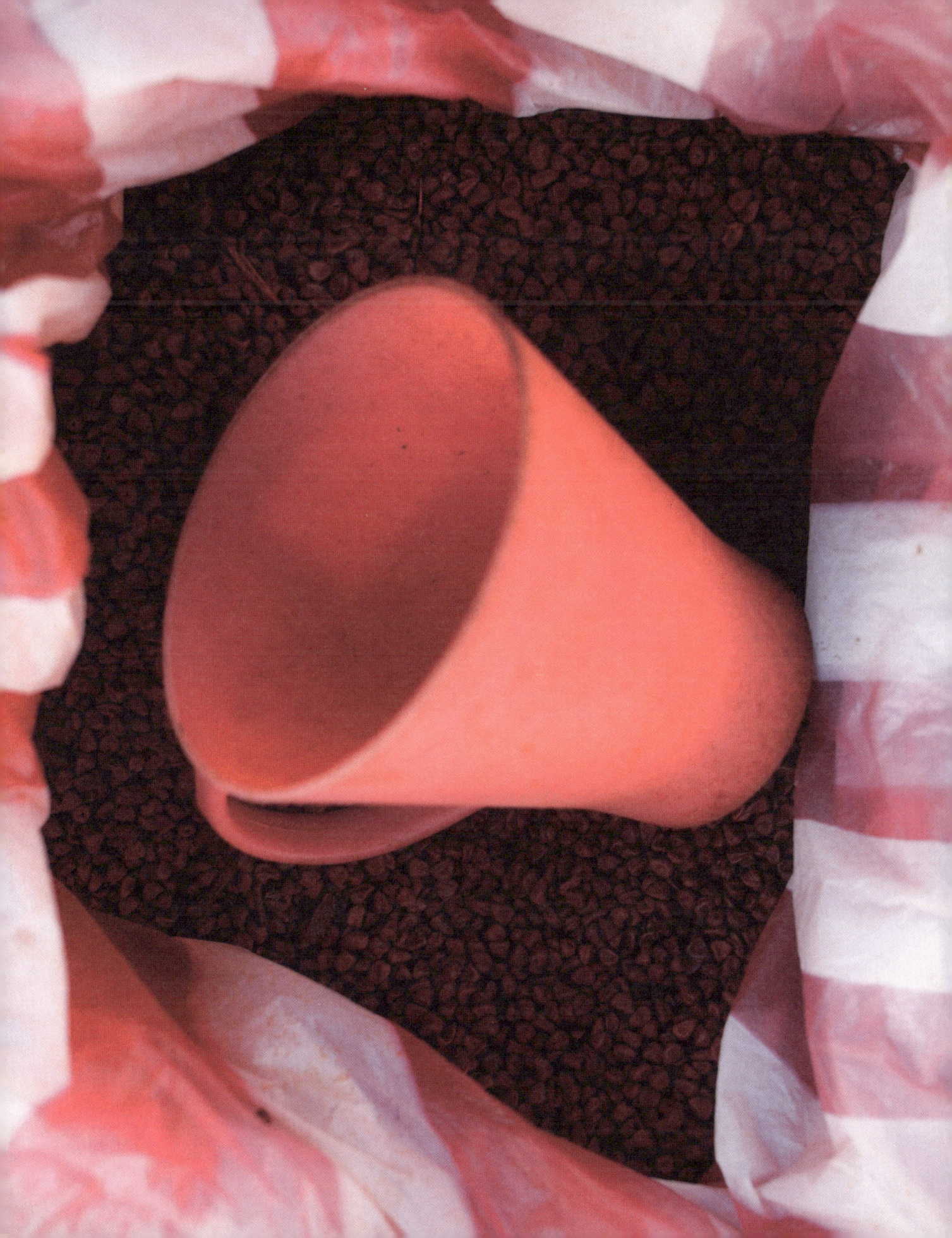

Marinierte Hähnchenschlegel

Marinieren: 48 Stunden • Vorbereitung: 20 Minuten • Garzeit: 10–15 Minuten • Für 4 Personen

16 Hähnchenunterschenkel
2 Knoblauchzehen
¼ Habanero-Chili (*piment antillais**)
1 Zweig Koriandergrün
Saft von 6 Limetten
Salz und frisch gemahlener Pfeffer
1 Prise Vier-Gewürze-Pulver (*quatre-épices**)
1 l Erdnussöl zum Frittieren

Das Knochenende der Hähnchenschenkel mit einem Messer etwas freilegen, damit sie sich besser greifen lassen.

Den Knoblauch, den Chili und das Koriandergrün im Mixer zermahlen. Die Hähnchenschenkel in einer Schüssel mit dem Limettensaft und der gemahlenen Würzmasse vermengen. Mit Salz, Pfeffer und dem Vier-Gewürze-Pulver würzen und sorgfältig durchmischen. Im Kühlschrank 48 Stunden marinieren.

Das Öl in einem großen Topf sehr heiß werden lassen. Die marinierten Hähnchenschenkel hineingeben und 10–15 Minuten frittieren, bis sie goldbraun sind. Kurz auf Küchenpapier abtropfen lassen und heiß mit *Sauce Chien* (siehe Seite 238) und einem *Ti'Punch* (siehe Seite 326) servieren.

Kreolische Fleischpasteten

Vorbereitung: 20 Minuten • Backzeit: 15–20 Minuten • Für 4 Personen

1 Schalotte
2 Knoblauchzehen
4 kleine Frühlingszwiebeln
1 Zweig Petersilie
2 EL Pflanzenöl
250 g Rinderhackfleisch
Salz und frisch gemahlener
Pfeffer
1 Prise Chilipulver
Mehl zum Bestäuben
1 Paket tiefgekühlter
Blätterteig, aufgetaut
1 Ei, verschlagen

Die Schalotte, den Knoblauch, die Frühlingszwiebeln und die Petersilie fein hacken. Das Öl in einem Topf erhitzen und die Mischung darin 2 Minuten anschwitzen. Das Hackfleisch zugeben, mit Salz, Pfeffer und dem Chilipulver würzen und 4–5 Minuten von allen Seiten anbraten. Dabei ständig rühren, damit sich keine Klumpen bilden. Die Hackmasse abkühlen lassen.

Die Arbeitsfläche mit etwas Mehl bestäuben und den Blätterteig darauf ausrollen. Mit einem Glas oder einem Ausstecher Kreise von 6 cm Durchmesser ausstechen.

Den Ofen auf 180 °C vorheizen. In die Mitte der Teigkreise jeweils 1 Esslöffel der Hackmasse geben. Einen zweiten Teigkreis auflegen und die Ränder mit den Zinken einer Gabel versiegeln. Die Blätterteigtaschen mit dem verschlagenen Ei bestreichen.

Die Teigtaschen auf ein Backblech legen und im Ofen 15–20 Minuten backen.

Hähnchenspieße mit Kreuzkümmel

Marinieren: 12–24 Stunden • Vorbereitung: 10 Minuten •
Garzeit: 10 Minuten • Für 6 Personen

800 g Hähnchenbrustfilet
ohne Haut
1 EL Olivenöl
1 EL gemahlener
Kreuzkümmel
1 Knoblauchzehe, gehackt
1 Zweig Koriandergrün, gehackt
Saft von 1 Limette
Salz und frisch gemahlener
Pfeffer

Am Vortag eine Marinade für Fleisch und Geflügel zubereiten (siehe
Seite 240). Die Hähnchenbrustfilets in große Würfel schneiden, darin
einlegen und 24 Stunden im Kühlschrank marinieren.

Die marinierten Hähnchenwürfel auf Spieße stecken und auf dem Grill
oder im vorgeheizten Ofen bei 180 °C 10 Minuten grillen. (Sie können
zusätzlich noch einige Zwiebelstücke auf die Spieße stecken.)

In einer Schüssel das Öl, den Kreuzkümmel, den Knoblauch und das
Koriandergrün vermengen. Den Limettensaft unterrühren und die
Mischung mit Salz und Pfeffer abschmecken. Die Sauce über die
gegrillten Spieße ziehen und heiß servieren.

Rindfleischsuppe nach Großmutterart

Vorbereitung: 10 Minuten • Garzeit: 1 Stunde 15 Minuten • Für 6 Personen

1 kg Suppenfleisch vom Rind
(Brust und Querrippe)
2 weiße Rüben
2 Möhren
1 Kartoffel
2 Stangen Bleichsellerie
2 kleine Frühlingszwiebeln
1 Stange Lauch
1 Zwiebel
4 Gewürznelken
1 Knoblauchzehe
2 Brühwürfel (nach Belieben)
Salz und frisch gemahlener
Pfeffer

Einen großen Suppentopf mit 4 Liter Wasser füllen. Das Fleisch grob zerteilen und hineinlegen. Zum Kochen bringen und 15 Minuten köcheln lassen. Regelmäßig abschäumen.

Inzwischen das Gemüse waschen, gegebenenfalls schälen und je nach Größe in Stücke schneiden oder ganz lassen. Die Zwiebel mit den Nelken spicken. Das Gemüse, die Zwiebel und den Knoblauch in die Suppe geben, nach Belieben die Brühwürfel zufügen und mit Salz und Pfeffer würzen.

Die Suppe zugedeckt auf kleiner Flamme 1 Stunde köcheln lassen. Sehr heiß servieren.

Kalbsfußeintopf mit Nudeln

Vorbereitung: 10 Minuten • Garzeit: 30 Minuten • Für 4 Personen

2 Kalbsfüße
2 Möhren
2 weiße Rüben
2 Frühlingszwiebeln
1 Zwiebel
2 Gewürznelken
2 Knoblauchzehen, zerdrückt
1 Zweig Petersilie
1 Zweig Thymian
1 Lorbeerblatt
2 Hühnerbrühwürfel (nach
Belieben)
Salz und frisch gemahlener
Pfeffer
3 Stangen Bleichsellerie
20 g Nudeln (zum Beispiel
Gabelspaghetti oder Vermicelli)

Die Kalbsfüße vom Schlachter in etwa 3 cm dicke Stücke schneiden
lassen.

In einem großen Suppentopf 2 Liter Wasser zum Kochen bringen.
Die Kalbsfüße einlegen und 20 Minuten sprudelnd kochen lassen.

Inzwischen die Möhren und die Rüben waschen, schälen und vierteln.
Zusammen mit den Frühlingszwiebeln, der mit den Nelken gespickten
Zwiebel, dem Knoblauch, der Petersilie, dem Thymian und Lorbeer
in die Brühe geben. Nach Belieben die Brühwürfel einlegen, salzen,
pfeffern und weitere 10 Minuten köcheln lassen.

Den Sellerie und die Nudeln zufügen und je nach Garzeit der Nudeln
noch einige Minuten kochen. Den Eintopf abschmecken und heiß
servieren.

Rindfleischeintopf mit Gemüse

Wässern: 24 Stunden • Vorbereitung: 30 Minuten • Garzeit: 60 Minuten • Für 4 Personen

2 kg gepökeltes Rindfleisch (Brust)
300 g Straucherbsen* (oder frische Erbsen)
100 g Möhren
100 g weiße Rüben
150 g Auberginen
100 g Giraumon-Kürbis*
300 g Jams
300 g Tannia-Knollen (malangas*, ersatzweise Taro)
300 g Süßkartoffeln
300 g grüne Kochbananen (ti'figues*)
150 g Weiß- oder Wirsingkohl
1 Zwiebel
2 Knoblauchzehen
1 Habanero-Chili (piment antillais*)
1 Lorbeerblatt
2 Gewürznelken
3 EL Pflanzenöl
4 ganz reife Tomaten, enthäutet

Am Vortag das Fleisch in kleine Stücke schneiden und zum Entsalzen 24 Stunden in reichlich kaltem Wasser wässern.

Am nächsten Tag das Fleisch im Schnellkochtopf 15 Minuten garen. Die Straucherbsen zugeben und weitere 15 Minuten garen.

Inzwischen die Möhren, die Rüben, die Auberginen, den Kürbis, die Jamswurzeln, die Tannia-Knollen, die Süßkartoffeln und die Bananen schälen und grob würfeln. Den Kohl putzen und hacken. Die Zwiebel und den Knoblauch fein hacken.

Sämtliches Gemüse, den Chili, das Lorbeerblatt und die Nelken unter das Fleisch und die Erbsen mengen. So viel Wasser zugießen, dass alle Zutaten bedeckt sind, salzen, pfeffern und weitere 30 Minuten bei mittlerer Hitze garen.

In einem großen Topf das Öl erhitzen. Die Tomaten in kleine Würfel schneiden und in dem heißen Öl anschwitzen. Die Suppe darübergießen, noch 3 Minuten köcheln lassen und heiß servieren.

Pökelfleischeintopf mit Gemüse und Kochbananen

Vorbereitung: 20 Minuten • Garzeit: 40–45 Minuten • Für 6 Personen

1 kg gepökelter
Schweinebauch *(petit salé)*
1 Bouquet garni
1 Habanero-Chili *(piment antillais*)*
1 Zwiebel, in Stücke geschnitten
3 Gewürznelken
1 Kochbanane* (Plante)
1 Jamswurzel
3 Möhren
¼ Weißkohl
1 Taro-Blatt *(feuille de madère*)*
Saft von 3 Limetten
3 Frühlingszwiebeln, gehackt
2 Knoblauchzehen, gehackt
1 Zweig glatte Petersilie, grob gehackt
1 Prise Chilipulver
5 EL Erdnussöl
Salz und frisch gemahlener Pfeffer

Den Schweinebauch in Stücke schneiden und in einem Topf mit Wasser bedecken. Das Bouquet garni, den Chili, die Zwiebel und die Nelken zugeben, zugedeckt zum Kochen bringen und 15 Minuten sprudelnd kochen lassen.

Inzwischen die Kochbanane schälen und längs halbieren; die Enden kappen. Die Jamswurzel schälen und würfeln. Die Möhren schälen, den Kohl in drei Teile schneiden. Jams und Kochbananen in 1 Liter Salzwasser 10–15 Minuten garen. Die Möhren, den Kohl und das Taro-Blatt zugeben und weitere 10 Minuten kochen lassen.

Das Fleisch herausheben, auf einer Platte anrichten und mit dem Saft von 1 Limette beträufeln. Das Gemüse mit einem Schaumlöffel aus seiner Garflüssigkeit heben und in die Fleischbrühe geben. Zugedeckt noch 5 Minuten köcheln lassen.

Einige Kellen Fleischbrühe abnehmen und durch ein Sieb in eine Schüssel passieren. Die Frühlingszwiebeln, den Knoblauch, die Petersilie, das Chilipulver, den restlichen Limettensaft und das Erdnussöl einrühren. Die Brühe mit Salz und Pfeffer abschmecken und über das Fleisch gießen. Mit dem Gemüse garnieren und servieren.

Ti'salé (Pökelfleisch) mit Kohl

Wässern: 24 Stunden • Vorbereitung: 10 Minuten • Garzeit: 2 Stunden
30 Minuten • Für 6 Personen

1,5 kg gepökeltes Rindfleisch
(Brust)
2 große Zwiebeln
3 Frühlingszwiebeln
3 Knoblauchzehen
2 Zweige Petersilie
2 Zweige frischer Thymian
3 EL Pflanzenöl
2 Lorbeerblätter
2 Gewürznelken
2 kleine Kohlköpfe
Saft von 4 Limetten
Salz und frisch gemahlener
Pfeffer

Am Vortag das Fleisch zum Entsalzen in reichlich kaltem Wasser legen
und 24 Stunden wässern.

Am nächsten Tag das Fleisch in 2 Liter frischem Wasser 1½ Stunden
sprudelnd kochen. Aus der Brühe heben und abtropfen lassen. Die Brühe
zurückbehalten.

Die Zwiebeln, die Frühlingszwiebeln, zwei Knoblauchzehen, die Petersilie und den Thymian hacken. Das Öl in einem großen Topf erhitzen,
die gehackten Zutaten hineingeben und bei schwacher Hitze 5 Minuten
anschwitzen. Das abgetropfte Fleisch, den Lorbeer, die Nelken und die
Hälfte der Fleischbrühe hinzufügen und 40 Minuten köcheln lassen.
Den Kohl grob in Spalten schneiden und ebenfalls zugeben. Falls nötig
noch etwas Brühe zugießen und weitere 10 Minuten garen. Der Kohl
sollte am Ende noch Biss haben.

Die verbliebene Knoblauchzehe hacken und mit dem Limettensaft unter
die Brühe rühren. Mit Salz und Pfeffer abschmecken und heiß servieren.

Schweine-Colombo mit Zucchini und Auberginen

Marinieren: 24 Stunden • Vorbereitung: 15 Minuten • Garzeit: 50 Minuten • Für 6 Personen

1 kg Schweineschulter oder Nacken mit Schwarte
2 EL Pflanzenöl
2 EL gekörnter Geflügelfond
1 Zwiebel, gehackt
2 Knoblauchzehen, gehackt
1 Zweig Petersilie
1 Zweig frischer Thymian
1 Lorbeerblatt
2 Gewürznelken
1 Chili
100 g colombo*
Salz und frisch gemahlener Pfeffer
1 Aubergine
2 Kartoffeln
3 Zucchini
1 EL Maisstärke
Saft von 2 Limetten

Am Vortag eine Marinade für Fleisch und Geflügel zubereiten (siehe Seite 240). Das Schweinefleisch in große Würfel schneiden und 24 Stunden darin einlegen.

In einem Schmortopf 2 Esslöffel des Öls erhitzen und die abgetropften Fleischwürfel darin 10 Minuten rundherum anbraten. Den Geflügelfond in 1 Liter Wasser auflösen und über das Fleisch gießen.

Die Zwiebel, den Knoblauch, die Petersilie, den Thymian, das Lorbeerblatt, die Nelken, den ganzen Chili und das in etwas Wasser aufgelöste Colombo-Pulver zugeben. Salzen, pfeffern und zugedeckt weitere 15 Minuten kochen.

Inzwischen die Aubergine und die Kartoffeln schälen und grob würfeln. Die Zucchini in Scheiben schneiden. Das Gemüse unter das Fleisch mengen und zugedeckt noch 25 Minuten garen.

Die Kräuter aus der Sauce entfernen. Die Maisstärke in etwas Wasser auflösen, unter die Sauce rühren und kurz aufkochen, bis sie eindickt. Den Limettensaft und den restlichen Esslöffel Öl unterrühren und servieren.

Wildschweinkeule nach Art von Guayana

Marinieren: 48 Stunden • Vorbereitung: 10 Minuten •
Garzeit: 1 Stunde • Für 6 Personen

1 kleine Wildschweinkeule
vom Frischling (etwa 2 kg)
6 Knoblauchzehen
1 Zwiebel
2 Schalotten
2 Frühlingszwiebeln
2 Zweige glatte Petersilie
1 Zweig frischer Thymian
500 ml Weißwein
1 Lorbeerblatt
Salz und frisch gemahlener
Pfeffer
3 EL Olivenöl
5 TL gemahlener
Kreuzkümmel
6 Pimentkörner
2 Gewürznelken
3 EL Weißweinessig
1 EL feiner Zucker

Den oberen Teil der Keule entschwarten und von überschüssigem Fett und Sehnen befreien. Den Knoblauch in kleine Stifte schneiden. Das Fleisch großzügig damit spicken und in eine Schüssel legen. Die Zwiebel, die Schalotten, die Frühlingszwiebeln, die Petersilie und den Thymian hacken und über die Keule streuen. Den Wein zugießen, das Lorbeerblatt einlegen und mit Salz und Pfeffer würzen. Die Keule 48 Stunden marinieren. Nach 24 Stunden wenden, damit die Marinade das Fleisch gleichmäßig durchzieht.

Den Ofen auf 180 °C vorheizen.

Die Keule aus der Marinade heben und in eine Bratenpfanne legen. Mit dem Öl bestreichen und 1 Stunde im Ofen braten. Dabei regelmäßig mit dem Bratensaft und etwas Marinade überziehen. Kurz vor Ende der Garzeit den Kreuzkümmel, die Pimentkörner und die Nelken zugeben.

Die Keule auf einer Platte anrichten. Die Pfanne mit dem Essig und etwas Marinade ablöschen und den Zucker einrühren. Die Sauce kurz aufkochen, durch ein Sieb passieren und über die Keule ziehen.

Babettes Schweineragout nach Art der Antillen

Marinieren: 24 Stunden · Vorbereitung: 15 Minuten · Garzeit: 50 Minuten
· Für 8 Personen

2 kg Schweineschulter mit Schwarte
2 EL Pflanzenöl
1 EL feiner Zucker
1 Zwiebel, grob gehackt
2 Knoblauchzehen, grob gehackt
2 Frühlingszwiebeln, grob gehackt
1 Zweig Thymian
2 Lorbeerblätter
1 Prise gemahlener Kreuzkümmel
1 Prise Vier-Gewürze-Pulver (quatre-épices*)
Salz und frisch gemahlener Pfeffer
1 EL Maisstärke
1 EL gekörnter Geflügelfond
Schnittlauchröllchen zum Garnieren

Am Vortag eine Marinade für Fleisch und Geflügel zubereiten (siehe Seite 240). Das Schweinefleisch in große Würfel schneiden und 24 Stunden darin einlegen.

Das Öl in einem Schmortopf erhitzen. Den Zucker einstreuen und unter Rühren karamellisieren lassen, bis er dunkelbraun ist. Die abgetropften Fleischwürfel zugeben, gut verrühren und 10 Minuten von allen Seiten braun anbraten. Regelmäßig mit etwas Wasser benetzen, damit der Zucker nicht verbrennt.

Das gut gebräunte Fleisch mit Wasser bedecken. Die Zwiebel, den Knoblauch, die Frühlingszwiebeln, den Thymian, Lorbeer, Kreuzkümmel und das Vier-Gewürze-Pulver zugeben und mit Salz und Pfeffer würzen. Zugedeckt bei mittlerer Hitze 40 Minuten schmoren.

Das Fleisch herausheben und warm stellen. Die Sauce durch ein Sieb in einen sauberen Topf passieren.

Die Maisstärke und den Geflügelfond in 250 Milliliter Wasser auflösen. Die Mischung in die Sauce einrühren und 3 Minuten eindicken lassen. Über das Fleisch gießen und heiß servieren.

Geschmorte Schweinebäckchen nach Art der Karibik

Marinieren: 8 Stunden • Vorbereitung: 10 Minuten • Garzeit: 55 Minuten • Für 4 Personen

FÜR DIE MARINADE
2 Knoblauchzehen, gehackt
2 EL Pflanzenöl
1 EL Weißweinessig
1 Prise gemahlener Kreuzkümmel
Salz und frisch gemahlener Pfeffer

1 kg Schweinebacken
2 EL Pflanzenöl
1 TL feiner Zucker
2 EL Zuckercouleur
2 Zwiebeln, gehackt
2 Schalotten, gehackt
4 Frühlingszwiebeln, gehackt
1 Knoblauchzehe, gehackt
1 Zweig glatte Petersilie, gehackt
1 Zweig Thymian
Etwas frisch geriebene Ingwerwurzel
2 Gewürznelken
½ EL Vier-Gewürze-Pulver (quatre-épices*)
Salz und frisch gemahlener Pfeffer
2 Lorbeerblätter
1 kleines Stück Habanero-Chili (piment antillais*)
1 EL gekörnter Geflügelfond
1 TL Maisstärke (nach Belieben)

Die Schweinebacken würfeln und mit sämtlichen Zutaten für die Marinade in eine Schüssel geben. Mit den Händen gut durchmischen und im Kühlschrank 8 Stunden marinieren lassen.

Das Öl mit dem Zucker in einem Schmortopf erhitzen. Sobald der Zucker karamellisiert ist, die Zuckercouleur und das Fleisch hineingeben und bei mittlerer Hitze in 5 Minuten rundherum braun anbraten.

Die Zwiebeln, die Schalotten, die Frühlingszwiebeln, den Knoblauch, die Petersilie, den Thymian, den Ingwer, die Nelken und das Vier-Gewürze-Pulver zugeben und mit Salz und Pfeffer würzen.

Das Fleisch weitere 10 Minuten unter ständigem Rühren bei starker Hitze Farbe nehmen lassen. Zwischendurch immer wieder mit etwas Wasser benetzen, damit es nicht verbrennt. Etwa 500 Milliliter Wasser zugießen, die Lorbeerblätter, den Chili und den in etwas Wasser aufgelösten Geflügelfond untermengen und 40 Minuten bei schwacher Hitze schmoren.

Ist die Sauce zu dünn, diese mit in etwas Wasser aufgelöster Maisstärke auf die gewünschte Konsistenz bringen.

Weihnachtsschinken mit Ananas

Wässern: 24 Stunden • Vorbereitung: 10 Minuten • Garzeit: 2 Stunden
10 Minuten • Für 6 Personen

1 leicht gesalzener Schinken
1 Zweig Thymian
2 Zweige Petersilie
4 Lorbeerblätter
5 Gewürznelken
1 Habanero-Chili (*piment antillais**)
1 Ananas
3 EL Zucker
2 EL Pflanzenöl
Gehackte glatte Petersilie zum Garnieren

Den Schinken waschen und rundherum abreiben. Zum Entsalzen 24 Stunden in kaltes Wasser legen.

Das Einweichwasser weggießen. Den Schinken und 6 Liter Wasser in einen großen Topf geben. Den Thymian, die Petersilie, den Lorbeer, die Nelken und den Chili hinzufügen. Zum Kochen bringen und 2 Stunden köcheln lassen. Regelmäßig einstechen, um den Gargrad zu prüfen. Das Fleisch sollte am Ende ganz zart sein. Den Schinken herausheben und abtropfen lassen.

Inzwischen die Ananas schälen und in nicht zu dicke Scheiben schneiden. Die holzige Mitte mit einem Ausstechförmchen ausstechen und das Fruchtfleisch in Stücke schneiden. Das Öl in einer Pfanne erhitzen. Einen Esslöffel Zucker einstreuen und die Ananasstücke darin wenden, bis sie rundherum mit Karamell überzogen sind. Den Backofengrill vorheizen.

Den Schinken in eine feuerfeste Form legen, mit dem restlichen Zucker bestreuen und die Kruste unter dem Backofengrill karamellisieren lassen, bis sie braun und knusprig ist. Auf den Ananasstücken anrichten, mit gehackter Petersilie garnieren und servieren.

Migan
(Brotfrucht-Eintopf mit Colombo)

Vorbereitung: 15 Minuten • Garzeit: 1 Stunde und 15 Minuten •
Für 6 Personen

1 Brotfrucht* von etwa 1 kg
1 Zwiebel
4 Frühlingszwiebeln
2 Knoblauchzehen
1 Zweig Petersilie
1 Zweig frischer Thymian
3 Schweineschwänze
3 EL Pflanzenöl
200 g durchwachsener
Räucherspeck, gewürfelt
3 sehr reife Tomaten, grob
gewürfelt
50 g *colombo**
2 Lorbeerblätter
1 Habanero-Chili *(piment
antillais**)
Salz und frisch gemahlener
Pfeffer
Saft von 1 Limette

Die Brotfrucht schälen, das Fruchtfleisch in große Würfel schneiden. Die Zwiebel, die Frühlingszwiebeln, den Knoblauch, die Petersilie und den Thymian fein hacken. Die Schweineschwänze in kleine Stücke schneiden.

In einem Schmortopf das Öl erhitzen und die gehackten Zutaten darin farblos anschwitzen. Die Schwanzstücke, den Speck und die Tomaten zugeben, sorgfältig umrühren und 3–4 Minuten anbraten. Darauf achten, dass die Zutaten nicht ansetzen.

Einen Liter Wasser zugießen und bei mittlerer Hitze 30 Minuten schmoren. Die Brotfruchtwürfel, das *Colombo*-Pulver, die Lorbeerblätter und den ganzen Chili zufügen und mit Salz und Pfeffer würzen. Weitere 40 Minuten bei mittlerer Hitze garen, bis der Eintopf langsam eindickt. Den Limettensaft unterrühren und heiß servieren.

Cassoulet nach Art der Antillen

Wässern: 24 Stunden • Vorbereitung: 15 Minuten • Garzeit: 1 Stunde
10 Minuten • Für 6 Personen

400 g gepökeltes Rindfleisch
400 g gepökelte
Schweineschulter
200 g geräucherter
Schweinebauch
2 geräucherte
Hähnchenkeulen
100 g *Andouillettes* (kleine
Würste)
150 g durchwachsener
Räucherspeck, gewürfelt
3 EL Pflanzenöl
1,5 kg Straucherbsen*, aus-
gelöst
2 Frühlingszwiebeln, gehackt
3 EL Tomatenmark
1 Lorbeerblatt
Salz und frisch gemahlener
Pfeffer
Saft von 1 Limette

Das Rindfleisch und die Schweineschulter zum Entsalzen 24 Stunden
in reichlich kaltem Wasser einweichen.

Das gewässerte Fleisch und den geräucherten Schweinebauch in Stücke
schneiden und die Hähnchenkeulen halbieren.

Das Öl in einem großen Schmortopf erhitzen, die Straucherbsen darin
10 Minuten anschwitzen und anschließend mit Wasser bedecken. Das
Fleisch (außer die Hähnchenkeulen), die *Andouillettes*, die Speckwürfel,
die Frühlingszwiebeln, das Tomatenmark und die Lorbeerblätter hineingeben und 1 Stunde leise köcheln lassen. Gelegentlich umrühren. Mit
Salz und Pfeffer abschmecken.

Einige Minuten vor Ende der Garzeit die Hähnchenkeulen einlegen, den
Limettensaft untermischen und noch kurz erhitzen. Heiß servieren.

Rinderragout mit Gemüse

Marinieren: 24 Stunden • Vorbereitung: 15 Minuten • Garzeit: 50 Minuten
• Für 4 Personen

1 kg Rumpsteak
3 EL Pflanzenöl
1 EL Zucker
2 Zwiebeln
2 Frühlingszwiebeln
2 Knoblauchzehen
2 Lorbeerblätter
1 Zweig Thymian
1 Zweig Petersilie
2 Gewürznelken
1 Habanero-Chili (*piment antillais**)
Salz und frisch gemahlener Pfeffer
2 Möhren
2 weiße Rüben
2 Kartoffeln
1 EL Zitronenessig (ersatzweise Weißweinessig oder Zitronensaft)

Am Vortag eine Marinade für Fleisch und Geflügel zubereiten (siehe Seite 240). Das Fleisch grob würfeln, darin einlegen und 24 Stunden im Kühlschrank marinieren.

Am folgenden Tag in einem Schmortopf das Öl erhitzen, den Zucker einstreuen und karamellisieren lassen. Sobald er dunkelbraun ist, die abgetropften Fleischwürfel zugeben und bei starker Hitze unter ständigem Rühren rundherum scharf anbraten. Dabei immer wieder mit einigen Tropfen Wasser benetzen, damit der Karamell nicht verbrennt. Das Fleisch mit Wasser bedecken und die Gewürze aus der Marinade untermengen. Die Zwiebeln, die Frühlingszwiebeln und den Knoblauch fein hacken und mit den Lorbeerblättern, dem Thymian, der Petersilie, den Nelken und dem ganzen Chili zum Fleisch geben. Salzen, pfeffern und bei mäßiger Hitze 30 Minuten schmoren. Darauf achten, dass der Chili nicht aufplatzt.

Inzwischen die Möhren, die Rüben und die Kartoffeln schälen und würfeln.

Nach Ende der 30 Minuten das vorbereitete Gemüse und den Essig unter das Fleisch mischen und weitere 20 Minuten garen. Heiß servieren.

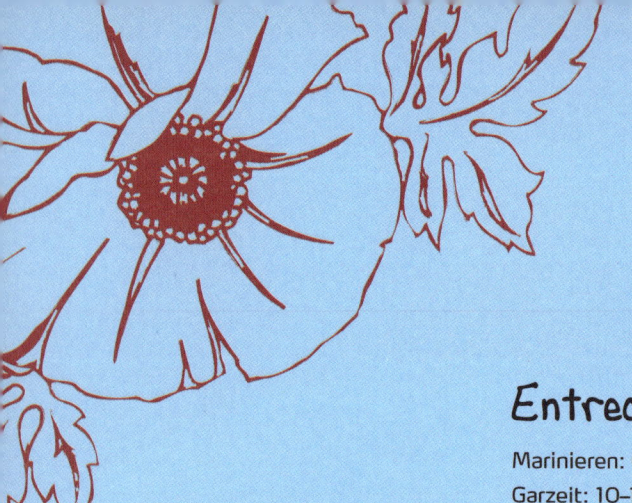

Entrecôte nach Art von Guadeloupe

Marinieren: 6–8 Stunden • Vorbereitung: 5 Minuten •
Garzeit: 10–15 Minuten • Für 2 Personen

2 Entrecôtes (je 180–200 g)
Salz und frisch gemahlener
Pfeffer
1 Knoblauchzehe, gehackt
1 Zwiebel
1 Frühlingszwiebel
1 Zweig Petersilie
2 EL Pflanzenöl
2 EL Weißweinessig

Die Entrecôtes salzen, pfeffern, mit dem gehackten Knoblauch einreiben
und 6–8 Stunden durchziehen lassen.

Die Zwiebel, die Frühlingszwiebel und die Petersilie fein hacken. In einer
Pfanne das Öl erhitzen, die Entrecôtes einlegen und von beiden Seiten
5–7 Minuten (für *medium*) oder je nach gewünschtem Gargrad braten.
Das Fleisch aus der Pfanne nehmen und warm stellen.

Die Pfanne mit dem Essig ablöschen. Die Zwiebel, die Frühlingszwiebel
und die Petersilie zugeben und die Sauce leicht sämig einkochen. Die
Entrecôtes mit der Sauce überziehen und servieren.

Kalbskotelett mit gerösteten Schalotten

Marinieren: 24 Stunden • Vorbereitung: 10 Minuten • Garzeit: 7 Minuten • Für 4 Personen

4 Kalbskoteletts
Salz und frisch gemahlener Pfeffer
3 EL Pflanzenöl, plus 2 EL zum Braten
2 Schalotten
3 Knoblauchzehen
2 Zweige frischer Thymian
2 Zweige Petersilie
Saft von 1 Zitrone

Die Kalbskoteletts salzen, pfeffern und mit dem Öl einreiben. 24 Stunden im Kühlschrank marinieren.

Die Schalotten in Ringe schneiden. Den Knoblauch, den Thymian und die Petersilie hacken. Schalotten, Knoblauch und Thymian vermengen, die Petersilie für Garniturzwecke zurücklegen.

In einer Pfanne 2 Esslöffel Öl erhitzen, die Koteletts einlegen und von jeder Seite 2 Minuten braten. Die Schalottenmischung zugeben und unter Rühren rösten. Das Fleisch mit einigen Tropfen Wasser benetzen, wenden und weitere 3 Minuten garen.

Die Koteletts mit den gerösteten Schalotten anrichten. Mit dem Zitronensaft beträufeln und mit der gehackten Petersilie garnieren.

Lammragout mit Wasabi-Kurkuma-Creme und Pistazien

Vorbereitung: 10 Minuten • Garzeit: 50 Minuten • Für 4 Personen

1 kg Lammfleisch (Schulter oder Keule)
2 EL Pflanzenöl
1 große Zwiebel
3 Knoblauchzehen
¼ Chili
2 Möhren
1 Zweig Thymian
1 Lorbeerblatt
Salz und frisch gemahlener Pfeffer
30 g Butter
2 EL Mehl
1 Eigelb
2 EL Crème fraîche
1 Prise gemahlene Kurkuma
20 g Wasabi-Pulver*
Saft von 2 Zitronen
50 g Pistazienkerne

Das Lammfleisch von Fett und Sehnen befreien und würfeln. Das Öl in einem Schmortopf erhitzen und die Fleischwürfel behutsam anbraten, ohne dass sie Farbe annehmen.

Die Zwiebel und den Knoblauch grob würfeln; den Chili hacken. Die Möhren längs halbieren und in lange Stücke schneiden. Die Zutaten in den Schmortopf zu dem Fleisch geben und kurz mit anbraten. Den Thymian und den Lorbeer zufügen und mit Salz und Pfeffer würzen. Das Fleisch mit Wasser bedecken und 45 Minuten bei mittlerer Hitze garen.

In einem kleinen Topf die Butter zerlassen. Das Mehl einstreuen und unter Rühren anschwitzen. Die Mehlschwitze etwas abkühlen lassen und dann mit der Fleischbrühe auffüllen. Einige Minuten köcheln lassen, bis das Mehl gebunden hat.

Das Eigelb mit der Crème fraîche, der Kurkuma-Prise und dem Wasabi verrühren. Die Mischung abseits des Herdes unter die Sauce rühren und mit dem Zitronensaft abschmecken.

Das Lammfleisch auf einer Platte anrichten, mit der Sauce übergießen und mit den Pistazienkernen garnieren.

Pikante Lammspieße

Marinieren: 24 Stunden • Vorbereitung: 10 Minuten •
Garzeit: 5–10 Minuten • Für 4 Personen

800 g ausgelöste Lammkeule
3 Knoblauchzehen, gehackt
2 EL Olivenöl
1 Prise gemahlener
Kreuzkümmel
1 Prise gemahlener
Kardamom
Salz und frisch gemahlener
Pfeffer

Am Vortag das Lammfleisch in Würfel schneiden und in einer Schüssel mit dem Knoblauch, Öl, Kreuzkümmel, Kardamom sowie Salz und Pfeffer gründlich vermengen. 24 Stunden marinieren.

Das Fleisch aus der Marinade nehmen, abtropfen lassen und auf Spieße stecken. Die Spieße auf dem Holzkohle- oder Elektrogrill von jeder Seite 3–4 Minuten goldbraun grillen und heiß servieren. Dazu passt ein frischer Blattsalat mit Vinaigrette.

Anmerkung: Sie können die Spieße mit Zwiebeln und gewürfelten Paprikaschoten zusätzlich anreichern. Dazu passt eine würzige *Sauce Chien* (siehe Seite 238).

Gebratene Hähnchenbrust in Kokos-Zimt-Sauce

Vorbereitung: 20 Minuten • Garzeit: 15 Minuten • Für 4 Personen

2 Kokosnüsse
2 EL Pflanzenöl
800 g Hähnchenbrustfilet
ohne Haut
Salz und frisch gemahlener
Pfeffer
2 Zwiebeln, gehackt
2 Knoblauchzehen, gehackt
1 Zweig Petersilie, gehackt
1 Zweig Koriandergrün, gehackt
2 Gewürznelken
1 Prise gemahlener Zimt
30 g Butter
30 g Mehl
250 ml ungesüßte
Kokosmilch
Schnittlauch zum Garnieren
(nach Belieben)

Die Kokosnuss öffnen und das Kokoswasser abfließen lassen. Das Fruchtmark herauslösen und raspeln.

In einer Pfanne das Öl erhitzen, die Hähnchenbrustfilets einlegen und bei mäßiger Hitze von beiden Seiten etwas bräunen. Salzen und pfeffern. Die Kokosraspel, die Zwiebeln, den Knoblauch, die Petersilie, das Koriandergrün, die Nelken und 250 Milliliter Wasser zugeben und 3 Minuten köcheln lassen.

Inzwischen den Ofen auf 200 °C vorheizen. Die Hähnchenbrustfilets aus der Pfanne nehmen und in eine feuerfeste Form legen. Mit dem Zimt bestreuen.

Die Sauce durch ein feines Sieb passieren und etwas abkühlen lassen. In einem Topf die Butter aufschäumen, das Mehl einstreuen und unter Rühren anschwitzen. Die Mehlschwitze mit der leicht abgekühlten Sauce ablöschen und dabei kräftig mit einem Schneebesen rühren. Die Kokosmilch zugießen, zum Kochen bringen und mit Salz und Pfeffer abschmecken.

Die Hähnchenbrustfilets mit der Sauce übergießen und im Ofen in 5 Minuten fertig stellen. Nach Belieben mit Schnittlauchröllchen garnieren und sofort servieren. Dazu passen glasierte Zuckerschoten.

Geschmorte Hähnchenkeulen mit Colombo

Marinieren: 24 Stunden • Vorbereitung: 20 Minuten •
Garzeit: 45 Minuten • Für 4 Personen

4 Hähnchenkeulen
2 Zwiebeln
2 Knoblauchzehen
1 Zweig glatte Petersilie
1 Zweig frischer Thymian
1 Aubergine
1 Zucchini
2 grüne Paprikaschoten
1 gelbe Paprikaschote
4 EL Pflanzenöl
Salz und frisch gemahlener
Pfeffer
100 g *colombo**
2 EL gekörnter Geflügelfond
½ TL Vier-Gewürze-Pulver
(*quatre-épices**)
2 Lorbeerblätter
1 Habanero-Chili (*piment
antillais**)
Saft von 2 Limetten

Am Vortag eine Marinade für Fleisch und Geflügel zubereiten (siehe Seite 240). Die Hähnchenkeulen in zwei Teile teilen, darin einlegen und 24 Stunden im Kühlschrank marinieren.

Die Keulen aus der Marinade nehmen und abtropfen lassen. Die Zwiebeln, den Knoblauch, die Petersilie und den Thymian grob hacken. Die Aubergine und die Zucchini in Scheiben, die Paprikaschoten in Streifen schneiden.

In einem Schmortopf das Öl erhitzen, die Hähnchenkeulen einlegen und 2–3 Minuten rundherum anbraten. Salzen, pfeffern und 1 Liter Wasser zugießen. Die Zwiebeln, den Knoblauch, die Petersilie, den Thymian und das Gemüse zugeben, alles gut durchmischen und zum Kochen bringen.

Inzwischen das *Colombo*-Pulver, den Geflügelfond und das Vier-Gewürze-Pulver mit etwas Wasser verrühren. Die Mischung unter das Fleisch und Gemüse mengen, die Lorbeerblätter und den ganzen Chili einlegen und 40 Minuten bei mittlerer Hitze schmoren. Darauf achten, dass der Chili nicht aufplatzt.

Das Fleisch und Gemüse auf einer Platte anrichten und warm stellen. Die Sauce mit Salz, Pfeffer und dem Limettensaft abschmecken und, falls nötig, auf die gewünschte Konsistenz einkochen lassen. Die Sauce über das Fleisch und Gemüse schöpfen und die Hähnchenkeulen servieren.

Hähnchenkeulen mit Sauce Chien

Marinieren: 24 Stunden • Vorbereitung: 15 Minuten • Garzeit: 25 Minuten
• Für 4 Personen

1 Zwiebel
2 Frühlingszwiebeln
3 Knoblauchzehen
¼ Habanero-Chili *(piment antillais*)*
4 große Hähnchenkeulen
Salz und frisch gemahlener Pfeffer
Saft von 3 Limetten
2 EL Olivenöl
Sauce Chien (siehe Seite 238)

Am Vortag die Zwiebel, die Frühlingszwiebeln, den Knoblauch, den Chili und die Petersilie im Mixer zermahlen. Die Hähnchenkeulen in ein großes, flaches Gefäß legen und mit Salz und Pfeffer würzen. Die gemahlene Würzmischung, den Limettensaft und 1 Esslöffel Öl zugeben und alles gründlich vermengen. Die Hähnchenkeulen 24 Stunden im Kühlschrank marinieren.

Die Keulen aus der Marinade nehmen; die Marinade zurückbehalten. In einer Pfanne das restliche Öl erhitzen, die Hähnchenkeulen einlegen und rundherum anbraten. Die Marinade zugeben und zugedeckt bei mittlerer Hitze 8–10 Minuten schmoren. Inzwischen einen Elektro- oder Holzkohlengrill vorheizen.

Die Hähnchenkeulen aus der Pfanne nehmen und auf dem Grill in 10 Minuten fertig stellen, bis sie goldbraun und durchgegart sind. Zwischendurch immer wieder mit etwas Wasser benetzen. Die Hähnchenkeulen mit *Sauce Chien* servieren.

Hähnchenragout mit frittierten Süßkartoffeln

Marinieren: 24 Stunden • Vorbereitung: 30 Minuten •
Garzeit: 50 Minuten • Für 4 Personen

FÜR DIE MARINADE
2 EL Weißweinessig
1 EL Olivenöl
2 Knoblauchzehen, zerdrückt
Salz und frisch gemahlener
Pfeffer

1 Poularde
3 Süßkartoffeln
3 EL Pflanzenöl
1 TL Zuckercouleur
1 TL graines à roussir*
Salz und frisch gemahlener
Pfeffer
1 Frühlingszwiebel, gehackt
2 Zwiebeln, gehackt
1 Schalotte, gehackt
4 Knoblauchzehen, gehackt
1 Lorbeerblatt
1 Zweig frischer Thymian
1 Chili
Etwas frisch geriebene
Ingwerwurzel
2 Gewürznelken
1 EL gekörnter Geflügelfond
1 EL Maisstärke
1 l Öl zum Frittieren

Aus dem Weißweinessig, Öl, Knoblauch sowie Salz und Pfeffer eine Marinade zubereiten. Die Poularde in Stücke zerteilen, darin einlegen und 24 Stunden im Kühlschrank marinieren.

Die Süßkartoffeln schälen und grob würfeln. In kochendem Salzwasser in 15 Minuten bissfest garen. Abgießen und abtropfen lassen.

In einem Schmortopf 3 Esslöffel Öl sehr heiß werden lassen. Die Poulardenteile einlegen (die Marinade zurückbehalten) und rundherum scharf anbraten. Während des Anbratens die Zuckercouleur und die graines à roussir zugeben, damit das Fleisch eine schöne dunkelbraune Farbe annimmt, und mit Salz und Pfeffer würzen.

Die Frühlingszwiebel, die Zwiebeln, die Schalotte, den Knoblauch, Lorbeer, Thymian und den ganzen Chili hinzufügen, so viel Wasser zugießen, dass sämtliche Zutaten eben bedeckt sind, und 15–20 Minuten bei mittlerer Hitze schmoren.

Den Ingwer und die Nelken in das Ragout geben. Den Geflügelfond und die Maisstärke unter Rühren in etwas Wasser auflösen, in das Ragout einrühren und weitere 10 Minuten garen.

In einem geeigneten Topf das Frittieröl erhitzen. Die Süßkartoffeln darin 2–3 Minuten frittieren. Auf Küchenpapier abtropfen lassen. Die Poulardenteile mit ihrer Sauce anrichten. Die knusprigen Süßkartoffeln dazu reichen.

Geschmortes Huhn mit Ingwer

Marinieren: 24 Stunden • Vorbreitung: 15 Minuten •
Garzeit: 35–40 Minuten • Für 4 Personen

1 Poularde
2 EL Pflanzenöl
1 EL Zucker
1 rote Zwiebel, gewürfelt
2 Knoblauchzehen, gehackt
1 Frühlingszwiebel, gehackt
1 Zweig Petersilie
1 Zweig frischer Thymian
10 g frisch geriebene
Ingwerwurzel
2 Gewürznelken
Salz und frisch gemahlener
Pfeffer
1 Prise gemahlener
Kreuzkümmel
1 Prise Vier-Gewürze-Pulver
(quatre-épices*)
1 Habanero-Chili (piment
antillais*)
1 EL gekörnter Geflügelfond

Am Vortag eine Marinade für Fleisch und Geflügel zubereiten (siehe Seite 240). Die Poularde in acht Teile zerteilen, darin einlegen und 24 Stunden im Kühlschrank marinieren.

In einem Schmortopf das Öl und den Zucker erhitzen. Sobald der Zucker karamellisiert ist, die Geflügelstücke einlegen und von allen Seiten kräftig bräunen. Das Fleisch zwischendurch immer wieder mit etwas Wasser benetzen, damit es nicht verbrennt.

Die Zwiebel, den Knoblauch, die Frühlingszwiebel, die Petersilie, den Thymian, den Ingwer und die Nelken zugeben. Mit Salz, Pfeffer, dem Kreuzkümmel und dem Vier-Gewürze-Pulver würzen. So viel Wasser zugießen, dass die Poulardenstücke bedeckt sind, den ganzen Chili einlegen und 30 Minuten bei mittlerer Hitze köcheln lassen. Darauf achten, dass der Chili nicht aufplatzt.

Den Geflügelfond in etwas Wasser auflösen, unter die Sauce rühren und noch 2–3 Minuten garen. Den Chili, die Petersilie und den Thymian herausnehmen. Die Poulardenstücke mit der Sauce anrichten und heiß servieren.

Hähnchenbrust mit Auberginen in Colombo-Sauce

Marinieren: 24 Stunden · Vorbereitung: 10 Minuten · Garzeit: 25 Minuten · Für 4 Personen

4 Hähnchenbrüste mit Haut und Flügelknochen (suprêmes)
1 Aubergine (bélangère*)
2 Schalotten
2 Knoblauchzehen
1 Zweig Petersilie
1 kleines Stück frische Ingwerwurzel
2 TL Erdnussöl
Salz und frisch gemahlener Pfeffer
3 Zweige frischer Thymian
1 Lorbeerblatt
1 Prise gemahlener Kardamom
80 g colombo*
1 Prise gemahlener Zimt
Maisstärke (nach Belieben)

Am Vortag eine Marinade für Fleisch und Geflügel zubereiten (siehe Seite 240). Die Hähnchenbrüste darin einlegen und 24 Stunden im Kühlschrank marinieren.

Die Aubergine in Scheiben schneiden. Die Schalotten, den Knoblauch, die Petersilie und den Ingwer grob hacken.

In einem Schmortopf das Öl erhitzen, die Hähnchenbrüste einlegen und von beiden Seiten kurz anbraten. Die Auberginenscheiben, die Schalotten, den Knoblauch, die Petersilie und den Ingwer zugeben und mit Salz und Pfeffer würzen. Sämtliche Zutaten bei mittlerer Hitze weitere 5 Minuten anbraten und anschließend mit Wasser bedecken.

Den Thymian, das Lorbeerblatt, den Kardamom, das Colombo-Pulver und den Zimt untermischen und zugedeckt bei mittlerer Hitze 20 Minuten garen. Die Sauce nach Belieben mit etwas Maisstärke auf die gewünschte Konsistenz bringen (dazu die Geflügelstücke zuvor herausnehmen). Heiß servieren.

Kaninchen in Senf-Kakao-Creme

Vorbereitung: 15 Minuten • Garzeit: 45–50 Minuten • Für 4 Personen

5 EL scharfer Senf
1 EL ungesüßtes Kakaopulver
2 EL Crème fraîche
1 Kaninchen von etwa 1,5 kg
3 EL Erdnussöl
2 Schalotten, gehackt
2 Knoblauchzehen, gehackt
1 Zweig Petersilie, gehackt
1 Zweig Estragon, gehackt
1 Zweig frischer Thymian,
gehackt
2 Lorbeerblätter
2 EL gekörnter Geflügelfond
Salz und frisch gemahlener
Pfeffer
½ grüne Paprikaschote
½ rote Paprikaschote
30 g Butter
2 TL Zucker

Den Senf mit dem Kakaopulver und der Crème fraîche verrühren und beiseite stellen.

Das Kaninchen in nicht zu große Stücke zerteilen.

In einem Schmortopf das Öl erhitzen, die Kaninchenstücke einlegen und unter Rühren 2–3 Minuten von allen Seiten bräunen. Die gehackten Schalotten und Knoblauchzehen sowie die Kräuter zugeben und so viel Wasser zugießen, dass alle Zutaten gerade eben bedeckt sind. Den in etwas Wasser aufgelösten Geflügelfond und die Senf-Kakao-Creme einrühren und mit Salz und Pfeffer würzen. Auf kleiner Flamme 45 Minuten garen.

Inzwischen die Paprikaschoten in Streifen schneiden. Die Butter in einer Sauteuse aufschäumen und den Zucker einstreuen. Die Paprikastreifen in der Butter-Zucker-Mischung schwenken, bis sie leicht karamellisiert sind. Das Kaninchen mit seiner Sauce anrichten, mit den Paprikastreifen garnieren und servieren.

Geschmortes Zicklein

Marinieren: 24 Stunden • Vorbereitung: 10 Minuten • Garzeit: 1 Stunde
10 Minuten • Für 8 Personen

2 kg Jungziegenfleisch (Keule oder Schulter)
1 kleines Glas *Massalé*-Paste*
2 weiße Zwiebeln
2 Frühlingszwiebeln
2 Knoblauchzehen
1 Zweig Petersilie
1 Zweig frischer Thymian
1 frisches Lorbeerblatt
1 EL Anissamen
2 EL Pflanzenöl
Salz und frisch gemahlener Pfeffer
1 Chili

Am Vortag eine Marinade für Fleisch und Geflügel zubereiten (siehe Seite 240). Das Ziegenfleisch würfeln und mit der *Massalé*-Paste einreiben. In die Marinade einlegen und 24 Stunden im Kühlschrank marinieren.

Die Zwiebeln, die Frühlingszwiebeln und den Knoblauch grob hacken und mit der Petersilie, dem Thymian, Lorbeer und den Anissamen im Mixer zermahlen.

In einem Schmortopf das Öl erhitzen und die gemahlene Gewürzmischung darin 5 Minuten unter Rühren anschwitzen. Das Fleisch zugeben, rundherum einige Minuten anbraten und mit Salz und Pfeffer würzen. So viel Wasser zugießen, dass es vollständig bedeckt ist. Den Chili einlegen (darauf achten, dass er nicht aufplatzt) und bei mittlerer Hitze 1 Stunde schmoren.

Mit Linsen und einem kreolischen Reis (Rezept Seite 226) servieren.

Hirschragout mit Guavengelee

Marinieren: 24 Stunden • Vorbereitung: 20 Minuten • Garzeit: 45–50 Minuten • Für 4 Personen

800 g Hirschkuhfilet
200 g geräucherter Schweinebauch
2 EL Pflanzenöl
1 Zwiebel, gehackt
2 Schalotten, gehackt
3 Knoblauchzehen, gehackt
1 Stange Bleichsellerie, in Scheiben geschnitten
2 Zweige glatte Petersilie, gehackt
1 Lorbeerblatt
Salz und frisch gemahlener Pfeffer
250 ml Rotwein
2 EL Essig
1 Möhre, in dünne Scheiben geschnitten
4 EL Guavengelee (siehe Seite 314)

Am Vortag eine Marinade für Fleisch und Geflügel zubereiten (siehe Seite 240). Das Fleisch in kleine Würfel schneiden, darin einlegen und 24 Stunden im Kühlschrank marinieren.

Den Schweinebauch grob würfeln. Das Wildbret aus der Marinade nehmen und abtropfen lassen. In einem Schmortopf das Öl erhitzen, das Hirschfleisch hineingeben und 10 Minuten von allen Seiten scharf anbraten. Die Schweinebauchwürfel zufügen und weiter unter ständigem Rühren anbraten. Die Zwiebel, die Schalotten, den Knoblauch, den Sellerie, die Petersilie und den Lorbeer zugeben, ebenfalls kurz Farbe nehmen lassen und mit Salz und Pfeffer würzen. Den Wein, den Essig und so viel Wasser zugießen, dass alle Zutaten bedeckt sind. Bei mittlerer Hitze 20 Minuten garen.

Das Fleisch herausheben, die Möhrenscheiben in die Sauce geben und 15 Minuten köcheln lassen, bis sie gar sind und die Sauce leicht eingedickt ist (Sie können die Sauce auch zuvor passieren). Das Fleisch zurück in die Sauce geben, abschmecken und mit Guavengelee servieren.

Gebratene Entenbrust mit Mangokonfitüre

Marinieren: 24 Stunden • Vorbereitung: 10 Minuten •
Garzeit: 20–25 Minuten • Für 4 Personen

4 Entenbrustfilets
3 TL Pflanzenöl
Salz und frisch gemahlener Pfeffer
3 Julie-Mangos*
1 EL Honig
1 Prise gemahlener Zimt
1 Prise Cayennepfeffer
1 Prise gemahlener Kardamom
1 EL gemahlener Kümmel
1 TL zerstoßene Pimentkörner
2 Zweige Kerbel zum Garnieren (nach Belieben)

Am Vortag eine Marinade für Fleisch und Geflügel zubereiten (siehe Seite 240). Die Entenbrüste darin einlegen und 24 Stunden im Kühlschrank marinieren.

In einer Schüssel das Öl mit Salz und Pfeffer würzen. Die Entenbrüste sorgfältig in der Mischung wenden.

Den Ofen auf 180 °C vorheizen. Die Entenbrüste mit der Haut nach oben in eine feuerfeste Form legen und im Ofen je nach gewünschtem Gargrad 15–20 Minuten braten. (Wenn Sie die Haut zuvor mit einem Messer kreuzweise einritzen, wird sie knuspriger, da überschüssiges Fett austreten kann.)

Inzwischen die Mangos schälen, die Steine entfernen und das Fruchtfleisch im Mixer pürieren. Das Püree in einen kleinen Topf mit dem Honig, Zimt, Cayennepfeffer, Kardamom, Kümmel und den Pimentkörnern vermengen und auf kleiner Flamme 5 Minuten garen.

Die Entenbrustfilets auf der Mangokonfitüre anrichten und nach Belieben mit Kerbelzweigen garnieren. Oder die Mangokonfitüre separat dazu reichen.

Kutteln nach Art der Antillen

Vorbereitung: 10 Minuten • Garzeit: 40 Minuten • Für 6 Personen

1,5 kg vorgegarte Kutteln
3 EL Pflanzenöl
1 Zweig Petersilie, gehackt
200 g vollreife Tomaten, grob gewürfelt
2 Möhren, geschält und in dünne Scheiben geschnitten
300 g durchwachsener Räucherspeck, gewürfelt
3 Knoblauchzehen, zerdrückt
1 Zweig frischer Thymian
2 Lorbeerblätter
1 Habanero-Chili (*piment antillais**)
800 g grüne Kochbananen (*ti'figues**)
Salz und frisch gemahlener Pfeffer
Saft von 2 Limetten

Die Kutteln in schmale Streifen schneiden.

In einem Schmortopf das Öl bei schwacher Hitze heiß werden lassen. Die Petersilie kurz darin anschwitzen, die Tomatenwürfel zugeben und unter Rühren 5 Minuten schmoren, bis sie zu zerfallen beginnen. Die Kutteln, die Möhren und die Speckwürfel untermischen und bei mittlerer Hitze 10 Minuten garen.

Den Knoblauch, den Thymian, die Lorbeerblätter und den ganzen Chili zugeben und weitere 10 Minuten schmoren.

Inzwischen die Kochbananen schälen und in Scheiben schneiden. Unter die Kutteln mengen und mit Salz und Pfeffer würzen. Bei lebhafter Hitze noch 15 Minuten garen. Den Limettensaft unterrühren und servieren.

RESTAURAN

MENU LANGOUSTE
- Crudité , accras de morue
  Langouste grillée.(riz ou légumes)
- dessert du jour

recommandé par
routard 2004

MENU LANGOUSTE
- Crudité , accras de morue
- Langouste grillée.(riz ou légumes)
  dessert du jour

MENU OUASSOUS
- Crudités , accras de morue
- Brochette de ouassous.(riz ou légumes)
- Dessert du jour

20€

MENU REQUIN
- Crudités   accras de morue
- Brochette de requin.(riz ou
- Dessert du jour

MENU COTE D'AGNEAUX
- Crudités , accras de morue
- Côte d'agneau grillée.(riz ou légumes)
- Dessert du jour

13€

MENU POULE
- Crudités , accras de mor
- Cuisse de poulet.(riz ou
- Dessert du jour

Excursion dans
le lagon

BOUCHERIE
LA BAVETTE
97.72.08
FRUITS & LÉGUMES
CHARCUTERIE

BOISSONS
GLACES   PLAT DU JOURS

R

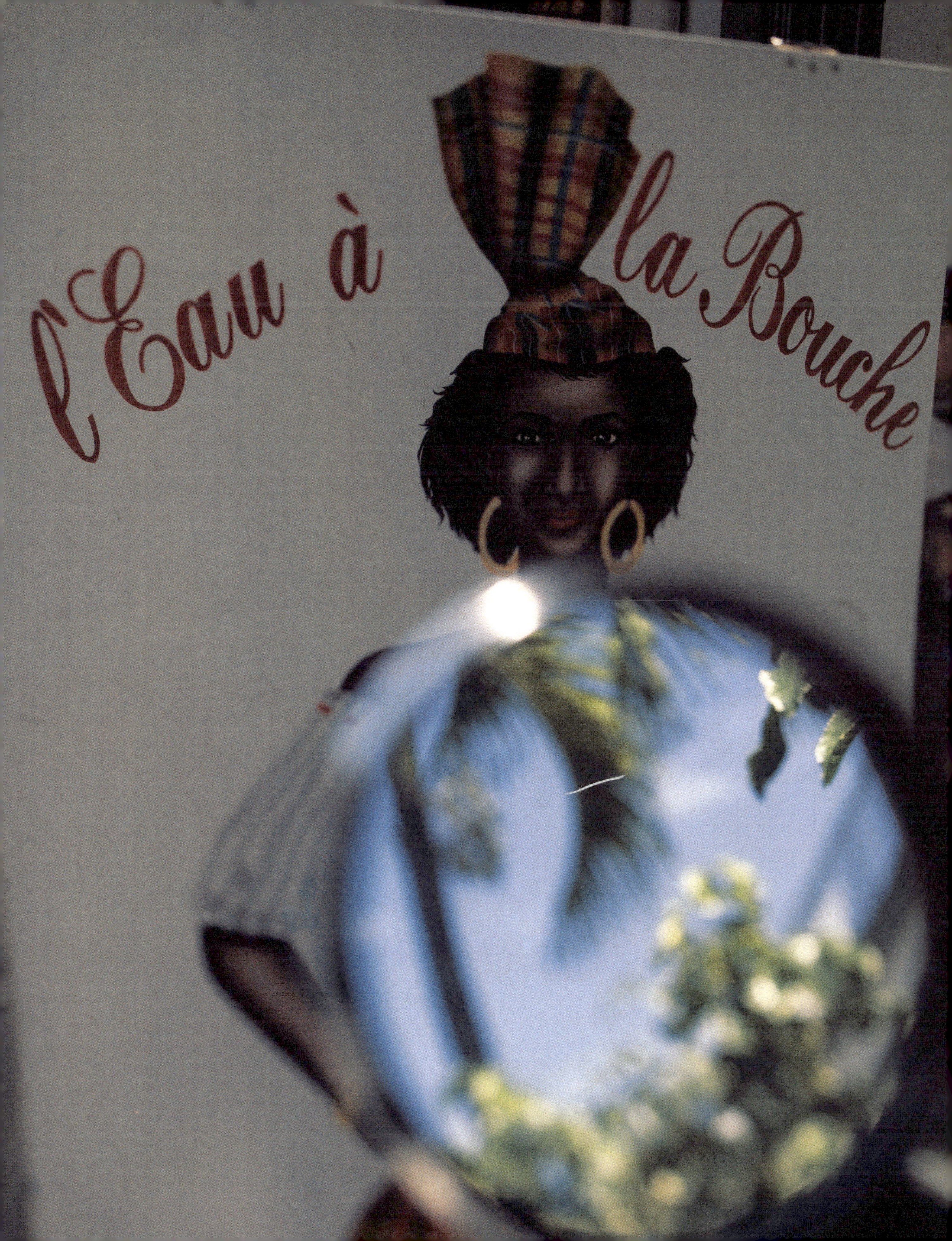
l'Eau à la Bouche

GEMÜSE ...
ODER FRÜCHTE?

1 Süßkartoffel, Batate (*patate douce*)

2 Gelbe Passionsfrucht, Sweet Cup (*pomme liane*)

3 Banane (*banane*)

4 Türkenturban (*giraumon*)

5 Zimtapfel (*pomme cannelle*)

6 Ambarella, Balsampflaume, Goldapfel (*prune de Cythère*)

7 Guave (*goyave*)

8 Sternfrucht, Karambole (*carambole*)

9 Quenepa (*pommes quenette*)

10 Mammiapfel, Mammey (*abricot pays; Aprikose aus St. Domingo*)

11 Passionsfrucht (*fruit de la passion*)

12 Kochbanane, Plante (*banane plantain*)

13 Papaya (*papaye*)

14 Bananenblüte (*fleur de banane*)

15 Apfelbanane (*banane pomme*)

16 Kochbanane, Plante (*banane plantain*)

17 Orange (*orange pays*)

18 Flaschenananas (*ananas bouteille*)

19 Mango (*mangue*)

20 Grüne Kochbanane (*ti'figue*)

21 Kokosnuss (*noix de coco*)

22 Wasserapfel (*pomme d'eau*)

23 Chayote (*christophine*)

24 Angolaerbsen (*pois d'Angole*)

25 Riesengranadilla (*barbadine*)

26 Annatto (*roucou*)

27 Tannia-Blätter (*malanga*)

28 Taro-Blätter (*feuilles de madère, feuilles de dachine*)

29 Straucherbsen

20

Souskaï (Kalte Mangosuppe)

Zubereitung: 15 Minuten · Kühlzeit: 3 Stunden · Für 4 Personen

3 grüne Mangos
1 Knoblauchzehe
¼ Habanero-Chili *(piment antillais*)*
1 Zweig Koriandergrün
2 EL Pflanzenöl
2 EL Zitronenessig (ersatzweise Weißweinessig oder Zitronensaft)
Salz und frisch gemahlener Pfeffer
1 Prise feiner Zucker

Die Mangos schälen, die Steine entfernen und das Fruchtfleisch in Würfel schneiden. Beiseite stellen.

Den Knoblauch, den Chili und das Koriandergrün fein hacken. In einer Schüssel das Öl und den Essig verrühren. Knoblauch, Chili und Koriandergrün zugeben, mit Salz und Pfeffer würzen und alles gut verrühren.

Die Mangowürfel mit der Essig-Öl-Mischung vermengen, den Zucker zugeben und nochmals gründlich durchmischen. Vor dem Servieren für 3 Stunden in den Kühlschrank stellen.

Calalou

Vorbereitung: 20 Minuten • Garzeit: 10 Minuten • Für 4 Personen

3 kg Taro-Blätter (*feuilles de madère* *; ersatzweise Spinat)
2 Zwiebeln
2 Knoblauchzehen
300 g durchwachsener Räucherspeck
2 Zweige Petersilie
4 EL Pflanzenöl
Salz und frisch gemahlener Pfeffer

Die Taro- oder Spinatblätter waschen und grob hacken.

In einem großen Topf 250 Milliliter leicht gesalzenes Wasser zum Kochen bringen. Die Blätter hineingeben und 10 Minuten garen. Mit einem Schaumlöffel herausheben und sofort in Eiswasser kalt abschrecken, damit sie ihre leuchtend grüne Farbe behalten. Die Garflüssigkeit zurückbehalten. Die Blätter sorgfältig abtropfen lassen und im Mixer pürieren.

Die Zwiebeln und den Knoblauch hacken, den Speck fein würfeln und die Petersilie fein hacken.

In einem Topf das Öl erhitzen, die Zwiebeln, den Knoblauch und die Petersilie hineingeben und farblos anschwitzen. Die Speckwürfel zufügen und unter gelegentlichem Rühren etwa 2 Minuten mitschwitzen. Die pürierten Taro- oder Spinatblätter sowie die Hälfte ihrer Garflüssigkeit einrühren und mit Salz und Pfeffer würzen. Auf kleiner Flamme noch 5 Minuten köcheln lassen. Heiß servieren.

Anmerkung: Calalou ist eine traditionelle karibische Suppe mit Blattgemüse, Speck und manchmal auch mit Kokosmilch. Diese Version stammt von der Insel Sainte-Lucie.

Jamssuppe mit Curry

Vorbereitung: 15 Minuten • Garzeit. 25 Minuten • Für 4 Personen

1 Zwiebel
2 Knoblauchzehen
500 g Jamswurzeln
Saft von 2 Zitronen
2 EL Olivenöl
1 Zweig frischer Thymian
250 ml Milch
30 g Currypulver
Salz und frisch gemahlener Pfeffer

Die Zwiebel und den Knoblauch hacken. Die Jams schälen, in kleine Würfel schneiden und in eine Schüssel mit Zitronenwasser geben (die Zitrone verhindert, dass die Jams schwarz anlaufen). Die Jamswürfel gründlich in dem Wasser waschen, abtropfen und beiseite stellen.

In einem Topf das Öl erhitzen. Die Zwiebel, den Knoblauch und den Thymian bei lebhafter Hitze farblos anschwitzen. Die Jamswürfel zugeben und unter ständigem Rühren ebenfalls anschwitzen. Einen Liter Wasser zugießen, zum Kochen bringen und 20 Minuten garen.

Die Mischung in der Küchenmaschine pürieren, zurück in den Topf gießen und bei schwacher Hitze die Milch und den Curry unterrühren. Mit Salz und Pfeffer abschmecken und noch 2–3 Minuten unter Rühren köcheln lassen. Heiß servieren.

Frittierte Kürbis-Malanga-Bällchen

Vorbereitung: 15 Minuten • Garzeit: 3 Minuten • Für 6 Personen

1 Zwiebel
1 Knoblauchzehe
2 kleine Frühlingszwiebeln
1 Zweig Petersilie
300 g Tannia-Knollen
(*malangas**; ersatzweise Taro)
300 g *Giraumon*-Kürbis*
(oder Gartenkürbis)
2 Eier
¼ Habanero-Chili (*piment antillais**), fein gehackt
Salz und frisch gemahlener Pfeffer
½ EL Backpulver
1 l Pflanzenöl zum Frittieren

Die Zwiebel, den Knoblauch, die Frühlingszwiebeln und die Petersilie fein hacken. Die Tannia- oder Taro-Knollen und den Kürbis schälen; das Fruchtfleisch reiben und vermengen.

Das geriebene Gemüse in einer Schüssel mit der Zwiebel, dem Knoblauch, den Frühlingszwiebeln, der Petersilie, den Eiern und dem Chili gründlich vermengen und mit Salz und Pfeffer würzen. Die Mischung 30 Minuten im Kühlschrank durchziehen lassen. Kurz vor der Zubereitung der Bällchen das Backpulver zugeben und sorgfältig in die Masse einarbeiten.

In einer Fritteuse oder einem anderen geeigneten Topf das Öl erhitzen. Mit einem Esslöffel kleine Klößchen von der vorbereiteten Masse abstechen und in dem heißen Öl goldbraun frittieren. Auf Küchenpapier abtropfen lassen und servieren.

Avocado-Klippfisch-Püree nach Art von Martinique

Wässern: 24 Stunden • Zubereitung: 25–30 Minuten • Für 4 Personen

200 g Klippfisch ohne Haut und Gräten
2 Schalotten
1 Knoblauchzehe
2 kleine Frühlingszwiebeln
1 Zweig Petersilie
1 Prise Chilipulver
2 Avocados
Saft von 1 Limette
3 EL Olivenöl
50 g Maniokmehl (Tapioka, nach Belieben)
Salz und frisch gemahlener Pfeffer
Limettenspalten zum Servieren

Am Vortag den Klippfisch in reichlich kaltes Wasser einlegen und 24 Stunden wässern. Das Wasser möglichst mehrmals erneuern. Den Fisch am nächsten Tag 15 Minuten in sprudelnd kochendem Wasser garen. Abkühlen lassen und zerpflücken.

Die Schalotten, den Knoblauch, die Frühlingszwiebeln, die Petersilie und das Chilipulver im Mixer zu einer feinen Paste zermahlen. Anschließend den zerpflückten Klippfisch pürieren.

Die Avocados der Länge nach halbieren, die Steine entfernen und das Fruchtfleisch herauslösen. Die ausgehöhlten Schalen zurückbehalten. Das Fruchtfleisch im Mixer zu einem glatten Püree verarbeiten.

In einer Schüssel die Schalotten-Knoblauch-Mischung mit dem Avocadopüree und dem Klippfischpüree vermengen. Mit einem Holzlöffel den Limettensaft und das Öl unterziehen. Mit Pfeffer abschmecken (Salzen ist sehr wahrscheinlich nicht mehr erforderlich). Zuletzt nach Belieben das Maniokmehl einarbeiten.

Das Avocado-Klippfisch-Püree in den Avocadoschalen oder auf Tellern anrichten und mit Limettenspalten servieren. Dazu passt ein Gurkensalat mit Limettendressing.

Anmerkung: Dieses klassische Klippfischpüree heißt auf den Antillen *féroce*.

Jamskroketten

Vorbereitung: 15 Minuten • Garzeit: 5 Minuten • Für 4 Personen

1 kg weiße Jams
1 Zwiebel
1 Zweig Petersilie
2 Eigelbe
Salz und frisch gemahlener
Pfeffer
1 l Pflanzenöl zum Frittieren

Die Jamswurzeln schälen, das Fruchtfleisch in eine Schüssel reiben. Die zerkleinerte Zwiebel und die Petersilie im Mixer zermahlen und unter die geriebenen Jamswurzeln mengen. Die Eigelbe hinzufügen. Die Mischung mit Salz und Pfeffer würzen und kräftig durchmischen.

In einem Topf das Öl erhitzen. Mit einem Esslöffel von der Krokettenmasse kleine Klößchen abstechen, in das Öl geben und goldbraun backen. Zwischendurch einmal wenden. Die fertigen Jamskroketten auf Küchenpapier abtropfen lassen und servieren.

Jams frites

Vorbereitung: 15 Minuten • Garzeit: 5 Minuten • Für 4 Personen

250 g weiße Jams
Essig
1 l Pflanzenöl zum Frittieren
Salz und frisch gemahlener
Pfeffer

Die Jamswurzeln schälen und wie für Pommes frites in Stäbe schneiden. Die Stäbe bis zum Frittieren in Essigwasser legen, damit sie nicht schwarz anlaufen. Kurz vor dem Zubereiten abtropfen lassen und mit einem Küchentuch gründlich abtrocknen.

Das Öl in einem Topf sehr heiß werden lassen. Die Jamsstäbchen hineingeben und frittieren, bis sie goldgelb und knusprig sind. Auf Küchenpapier abtropfen lassen, mit Salz und Pfeffer würzen und servieren.

Kürbispüree nach Großmutterart

Vorbereitung: 10 Minuten • Garzeit: 15–20 Minuten • Für 4 Personen

1 kg *Giraumon*-Kürbis* (oder Gartenkürbis)
2 weiße Zwiebeln
3 Knoblauchzehen
2 kleine Frühlingszwiebeln
1 Zweig Petersilie
1 Zweig frischer Thymian
50 ml Pflanzenöl
Etwas frisch geriebene Ingwerwurzel
Salz und frisch gemahlener Pfeffer

Den Kürbis schälen und von den Kernen befreien. Das Fruchtfleisch grob würfeln.

Die Zwiebeln, den Knoblauch, die Frühlingszwiebeln, die Petersilie und den Thymian grob zerkleinern und im Mixer zermahlen.

In einem Topf das Öl erhitzen und die Kürbiswürfel darin anschwitzen. Die Zwiebel-Knoblauch-Mischung und den Ingwer zugeben und bei starker Hitze weitere 5 Minuten unter Rühren garen. Salzen und pfeffern.

Die Hitze reduzieren und weitere 10 Minuten unter ständigem Rühren garen, bis das Kürbisfleisch zu einem Püree zerfallen ist. Heiß servieren.

Bananen-Gratin

Vorbereitung: 10 Minuten • Garzeit: 20–25 Minuten • Für 4 Personen

1 kg ganz reife Kochbananen*
(Planten)
20 g Butter, plus Butter zum
Einfetten der Form
25 g Mehl
500 ml Milch
1 Prise gemahlener Zimt
Salz und frisch gemahlener
Pfeffer
50 g geriebener Emmentaler

Die Bananen schälen und in dünne Scheiben schneiden. Beiseite stellen. Den Ofen auf 180 °C vorheizen.

Eine Béchamel zubereiten: In einem Topf die Butter aufschäumen. Das Mehl einstreuen und unter Rühren anschwitzen. Die Milch zugießen und unter ständigem Rühren zum Kochen bringen, bis das Mehl gebunden hat. Mit dem Zimt sowie Salz und Pfeffer würzen.

Eine Auflaufform mit Butter einfetten. Die Bananenscheiben einlegen und mit der Béchamel übergießen. Darauf achten, dass die Sauce sämtliche Schichten der Bananenscheiben gut durchdringt. Mit dem Käse bestreuen und im Ofen 20–25 Minuten goldgelb backen.

Kreolische rote Bohnen

Einweichen: 24 Stunden • Vorbereitung: 10 Minuten • Garzeit: 2 Stunden
• Für 4 Personen

500 g getrocknete rote
Bohnen
3 Lorbeerblätter
2 Zweige frischer Thymian
3 Frühlingszwiebeln, gehackt
3 Zweige Petersilie, gehackt
1 rote Zwiebel, grob gewürfelt
2 Knoblauchzehen, gehackt
3 Gewürznelken
3 EL Pflanzenöl
Salz und frisch gemahlener
Pfeffer

Am Vortag die Bohnen in einem großen Topf in 3 Liter Wasser einweichen.

Am folgenden Tag die Bohnen in dem Einweichwasser zum Kochen bringen. Den Lorbeer, Thymian und die Frühlingszwiebeln hinzufügen und etwa 1½ Stunden sprudelnd kochen lassen.

Die Petersilie, die rote Zwiebel, den Knoblauch, die Nelken und das Öl zugeben, mit Salz und Pfeffer würzen und bei schwacher Hitze weitere 30 Minuten garen, bis die Bohnen ganz weich sind und die Sauce sämig ist. Falls sie zu dünn ist, eine Kelle Bohnen im Mixer pürieren und anschließend unter die Sauce rühren. Die Kräuterzweige nach Belieben wieder herausnehmen und die Bohnen mit einem kreolischen Reis (siehe Seite 226) servieren.

Straucherbsen mit Speck

Vorbereitung: 15 Minuten • Garzeit: 30–40 Minuten • Für 4 Personen

500 g frische, ausgelöste
Straucherbsen*
200 g durchwachsener
Räucherspeck
2 weiße Zwiebeln
3 Frühlingszwiebeln
3 Zweige Petersilie
3 Zweige frischer Thymian
2 EL Pflanzenöl
1 Lorbeerblatt
Salz und frisch gemahlener
Pfeffer

Die Straucherbsen waschen und abtropfen lassen. Den Speck würfeln, die Zwiebeln, die Frühlingszwiebeln, die Petersilie und den Thymian fein hacken.

Das Öl in einem Topf erhitzen. Die Erbsen und den Speck 10 Minuten unter ständigem Rühren anschwitzen. Mit 1,5 Liter Wasser auffüllen, die Zwiebeln, die Frühlingszwiebeln und die Kräuter zugeben und mit Salz und Pfeffer würzen. Zugedeckt 30 Minuten kochen. Die Mischung sollte am Ende relativ trocken und leicht sämig sein.

Jamspüree mit Safran

Vorbereitung: 10 Minuten • Garzeit: 15 Minuten • Für 4 Personen

1 kg weiße Jams
250 ml Milch
50 g Butter
Einige Safranfäden
Salz und frisch gemahlener
Pfeffer
1 EL Olivenöl

Die Jamswurzeln schälen, in große Würfel schneiden und in 1 Liter Salzwasser 15 Minuten kochen, bis sie weich sind. Abtropfen lassen.

Die Jamswürfel durch ein Passiergerät drehen. Das Püree in einem Topf mit der Milch, der Butter und dem Safran gründlich verrühren. Auf kleiner Flamme behutsam erhitzen, mit Salz und Pfeffer abschmecken und das Öl unterrühren. Heiß servieren.

Kreolischer Reis

Vorbereitung: 5 Minuten • Garzeit: 12–15 Minuten • Für 4 Personen

200 g weißer Langkornreis
1 Prise Salz
1 EL Pflanzenöl

Den Reis gründlich waschen und abtropfen lassen. In einen Topf geben und 3–4 Zentimeter hoch mit Wasser bedecken. Eine großzügige Prise Salz zugeben, verrühren und zugedeckt bei mittlerer Hitze je nach Reissorte 12–15 Minuten garen. Der Reis sollte am Ende der Garzeit sämtliche Flüssigkeit absorbiert haben. Das Öl zugeben und nochmals gut durchrühren.

Reis mit roten Bohnen

Vorbereitung: 15 Minuten • Garzeit: 2 Stunden 45 Minuten • Für 4 Personen

200 g getrocknete rote Bohnen
1 Lorbeerblatt
3 Gewürznelken
1 Zweig Thymian
1 Zweig Petersilie, gehackt
200 g durchwachsener Räucherspeck, gewürfelt
1 Zwiebel, gehackt
2 Knoblauchzehen, gehackt
Salz und frisch gemahlener Pfeffer
300 g Langkorn-Duftreis
3 EL Pflanzenöl

Die Bohnen am Vortag in 4 Liter Wasser einweichen. Am folgenden Tag in dem Einweichwasser zum Kochen bringen. Das Lorbeerblatt, die Nelken, den Thymian und die Petersilie zugeben und zugedeckt bei lebhafter Hitze 2 Stunden kochen. Die Speckwürfel, die Zwiebel und den Knoblauch untermischen, mit Salz und Pfeffer würzen und weitere 30 Minuten garen.

Wenn die Bohnen weich sind, den gewaschenen Reis und so viel Wasser zugeben, dass dieser etwa 2 Zentimeter hoch bedeckt ist. Falls nötig, mit weiterem Salz und Pfeffer würzen und bei schwacher Hitze 15 Minuten köcheln lassen. Gelegentlich umrühren, damit der Reis nicht ansetzt. Den Reis vom Herd nehmen, das Öl unterrühren und heiß servieren.

Reis mit Linsen

Vorbereitung: 10 Minuten • Garzeit: 60 Minuten • Für 4 Personen

200 g grüne Linsen
1 Zwiebel, gehackt
200 g durchwachsener Räucherspeck, gewürfelt
1 Zweig Thymian
1 Zweig glatte Petersilie, gehackt
3 Lorbeerblätter
2 Gewürznelken
300 g Langkornreis
Salz und Pfeffer

Die Linsen in einem großen Topf mit Wasser bedecken, zum Kochen bringen und zugedeckt 30 Minuten sprudelnd kochen.

Die Zwiebel, den Speck, den Thymian, die Petersilie, die Lorbeerblätter und die Nelken zugeben und weitere 10 Minuten garen. Den gewaschenen Reis untermengen und mit Salz und Pfeffer würzen. Die Garflüssigkeit sollte den Reis gerade eben bedecken. Überschüssige Flüssigkeit mit einer Kelle abschöpfen. Bei mittlerer Hitze 20 Minuten unter regelmäßigem Rühren köcheln lassen.

Das Öl unter den Reis und die Linsen rühren und heiß servieren.

SAUCEN

Meeresfrüchte-Safrancreme

Vorbereitung: 10 Minuten • Garzeit: 15 Minuten • Für 4 Personen

100 g Herzmuscheln
100 g Garnelen
1 Schalotte
1 Knoblauchzehe
1 Vogelaugen-Chili (piment oiseau*)
3 EL Olivenöl
50 g gekochtes Krabbenfleisch
250 ml trockener Weißwein
Saft von 1 Limette
1 Prise gemahlene Kurkuma
Einige Safranfäden
Salz und frisch gemahlener Pfeffer

Die Herzmuscheln dämpfen (am besten in einem Weißwein-Gemüsesud) und aus der Schale lösen. Ungeöffnete Exemplare wegwerfen. Die Garnelen schälen und vom Darm befreien. Die Schalotte, den Knoblauch und den Chili fein hacken. Beiseite stellen.

In einem Topf 2 Esslöffel des Olivenöls erhitzen. Die Schalotte und den Knoblauch darin anschwitzen, die Herzmuscheln, die Garnelen und das Krabbenfleisch zugeben und 2–3 Minuten mitschwitzen. Den Wein, den Limettensaft und den Chili einrühren und weitere 3 Minuten garen.

Die Mischung im Mixer 1–2 Minuten pürieren und anschließend durch ein feines Sieb streichen. Zurück in den Topf geben und auf kleiner Flamme behutsam wieder erhitzen. Die Kurkuma, den Safran und das restliche Öl unterrühren und mit Salz und Pfeffer abschmecken. Die Creme noch 2 Minuten köcheln lassen und heiß servieren.

Süßsaure Sauce mit Chili

Zubereitung: 10 Minuten • Durchziehen: 2 Stunden • Für 4 Personen

3 Orangen
2 Limetten
1 Schalotte
1 Knoblauchzehe
¼ Chili
2 Zweige Koriandergrün
2 Zweige Petersilie
2 EL Pflanzenöl
Salz und frisch gemahlener Pfeffer

Den Saft der Orangen und Limetten auspressen. Die Schalotte, den Knoblauch, den Chili, das Koriandergrün und die Petersilie fein hacken.

Sämtliche Zutaten mit dem Öl in einer Schüssel verrühren und mit Salz und Pfeffer abschmecken. Die Sauce vor dem Servieren 2 Stunden durchziehen lassen.

Sie wird kalt serviert und passt sehr gut zu allen gegrillten Speisen.

Würzige Zwiebelsauce

Vorbereitung: 10 Minuten • Garzeit: 30 Minuten • Für 4 Personen

800 g rote Zwiebeln
3 EL Olivenöl
Salz und frisch gemahlener Pfeffer
1 Prise gemahlener Kreuzkümmel
1 Prise Vier-Gewürze-Pulver (quatre-épices*)
50 g Honig
3 EL Sherryessig
1 Chili, fein gehackt

Die Zwiebeln schälen und in Streifen oder Ringe schneiden. In einem Schmortopf das Öl erhitzen, die Zwiebeln hineingeben, salzen, pfeffern und unter Rühren anschwitzen.

Den Kreuzkümmel und das Vier-Gewürze-Pulver zugeben und zugedeckt bei milder Hitze 30 Minuten schmoren. Gelegentlich umrühren.

Den Honig, den Sherryessig, den Chili sowie 30 Milliliter Wasser unterrühren. Die Sauce abschmecken und nach Belieben im Mixer pürieren.

Feurige Sauce à la Babette

Zubereitung: 10 Minuten • Für 4 Personen

1 große, sehr reife Tomate,
enthäutet
1 Knoblauchzehe
1 Habanero-Chili *(piment
antillais*)*
2 Zweige Petersilie
5 EL Pflanzenöl
Saft von 3 Limetten
Salz und frisch gemahlener
Pfeffer

Die Tomaten, den Knoblauch, den Chili und die Petersilie grob hacken.

Diese Zutaten mit dem Öl und 30 Milliliter Wasser im Mixer pürieren. Die Mischung in eine Schüssel gießen, den Limettensaft unterrühren und mit Salz und Pfeffer abschmecken.

Diese vielseitig einsetzbare Sauce schmeckt sehr gut zu Fleisch, Geflügel und Fisch.

Kreolische Mayonnaise

Zubereitung: 10 Minuten • Für 4 Personen

1 ganz frisches Eigelb
1 EL scharfer Senf
250 ml Knoblauch-Olivenöl
(siehe Anmerkung)
Salz und frisch gemahlener
Pfeffer
1 Prise Chilipulver
1 Zweig Koriandergrün, fein
gehackt
Saft von 1 Limette
Saft von ½ Orange

In einer Schüssel das Eigelb mit dem Senf verrühren. Nach und nach in einem steten Strahl das Öl zugießen und dabei ständig weiterrühren, bis sich eine dicke Emulsion gebildet hat.

Die Mayonnaise mit Salz, Pfeffer und dem Chilipulver würzen. Das fein gehackte Koriandergrün sowie den Limetten- und Orangensaft unterrühren.

Anmerkung: Knoblauchöl lässt sich ganz leicht selbst herstellen. Dazu etwa 20 Knoblauchzehen in 1 Liter Olivenöl einlegen und einige Tage ziehen lassen. Noch intensiver wird das Knoblaucharoma, wenn Sie die Zehen zuvor im Mixer pürieren.

Tomaten-Ingwer-Sauce

Zubereitung: 10 Minuten • Für 4 Personen

4 sehr reife Tomaten
3 EL Pflanzenöl
1 Prise Chilipulver
10 g frisch geriebene
Ingwerwurzel
Salz und frisch gemahlener
Pfeffer

Einen Topf mit Wasser füllen und zum Kochen bringen. Die Tomaten an der Oberseite einkreuzen und die Fruchtansätze herausschneiden. In das kochende Wasser legen und nach 1 Minute wieder herausheben. Kalt abschrecken, enthäuten und entkernen.

Das Fruchtfleisch mit dem Öl, Chili, Ingwer sowie Salz und Pfeffer im Mixer pürieren. Die Sauce abschmecken und in einem luftdicht verschlossenen Behälter im Kühlschrank aufbewahren.

Sauce Chien

Zubereitung: 10 Minuten • Ruhezeit: etwa 30 Minuten • Für 6 Personen

6 Frühlingszwiebeln
4 Knoblauchzehen
3 Zweige Petersilie
½ Habanero-Chili *(piment antillais*)*
2 EL Pflanzenöl
Saft von 4 Limetten

Die Frühlingszwiebeln, den Knoblauch und die Petersilie hacken. Den Chili von den Samen befreien und fein hacken. In einer Schüssel das Öl, den Limettensaft und die restlichen Zutaten gründlich verrühren. Mit 150 Milliliter kochendem Wasser übergießen, die Sauce mit einem Küchentuch zudecken und einige Zeit ziehen lassen. Gekühlt servieren.

Anmerkung: *Sauce Chien* (wörtlich: »Hundesauce«) hat trotz ihres Namens rein gar nichts mit den Vierbeinern zu tun. Sie wird auf den Antillen wie eine Vinaigrette verwendet und ist besonders zu gegrilltem Fleisch oder Fisch beliebt.

Marinade für Fisch

Zubereitung: 10 Minuten • Für 1 kg Fisch

1 Zwiebel
3 Knoblauchzehen
1 Habanero-Chili *(piment antillais*)*
Salz und frisch gemahlener Pfeffer
2 EL Weinessig
4 unbehandelte Limetten

Die Zwiebel, den Knoblauch und den Chili grob hacken.

Den Fisch nach der jeweiligen Rezeptanleitung vorbereiten, in einen flachen Behälter legen, salzen, pfeffern und mit Wasser bedecken.

Die Zwiebel, den Knoblauch, den Chili und den Essig zugeben. Die Limetten in Stücke schneiden und über dem Fisch auspressen. Die ausgepressten Schalen ebenfalls in die Marinade einlegen. Den Fisch mindestens 8 Stunden (oder nach Rezeptanweisung) im Kühlschrank marinieren.

Je länger die Marinade in das Fischfleisch einzieht, desto kräftiger wird das Aroma.

Marinade für Fleisch und Geflügel

Zubereitung: 10 Minuten • Für 1 kg Fleisch oder Geflügel

1 Zwiebel
2 Knoblauchzehen
1 Prise gemahlener Kreuzkümmel
Salz und frisch gemahlener Pfeffer
2 EL Weißweinessig
2 EL Pflanzenöl

Das Fleisch oder Geflügel je nach Rezept in Stücke schneiden oder ganz lassen und in ein flaches Gefäß legen.

Die Zwiebel und den Knoblauch hacken und mit dem Fleisch vermengen. Das Fleisch mit dem Kreuzkümmel sowie Salz und Pfeffer würzen. Den Essig und das Öl zugeben, alles gründlich durchmischen und das Fleisch vor der Weiterverarbeitung mindestens 2–3 Stunden (oder nach Rezeptanweisung) in der Marinade ziehen lassen. Je länger das Fleisch mariniert, desto kräftiger wird das Aroma.

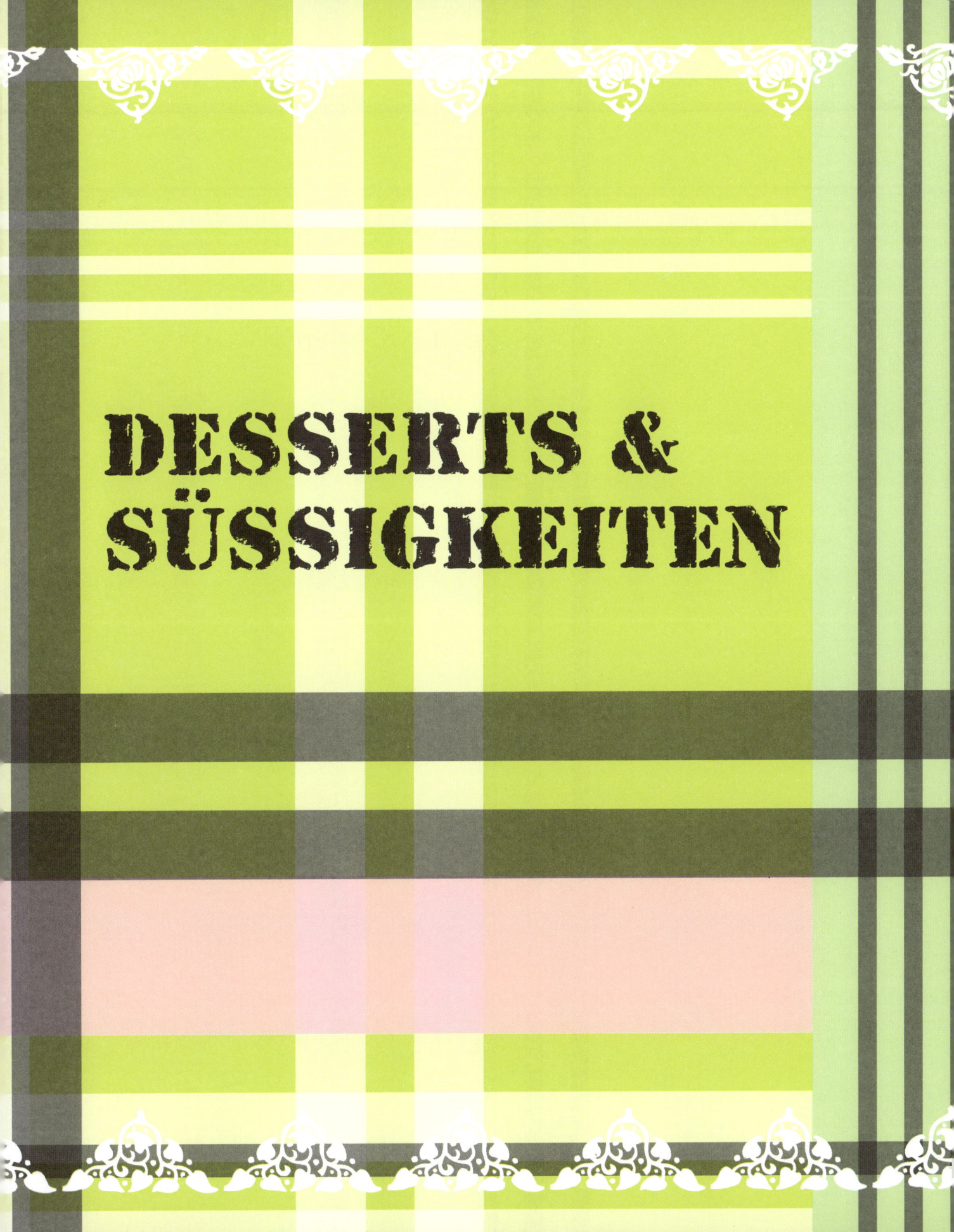

DESSERTS & SÜSSIGKEITEN

Flambierte Bananen mit altem Rum

Vorbereitung: 10 Minuten • Garzeit: 5 Minuten • Für 4 Personen

4 vollreife Bananen
1 unbehandelte Limette
2 Orangen
4 EL feiner Zucker
1 Zimtstange
50 ml alter brauner Rum

Die Bananen schälen.

Die äußere Fruchtschale der Limette abschälen und in Streifen schneiden (oder mit einem Zesteur einige feine Streifen der Schale ablösen). Den Saft der Limette und der Orangen auspressen.

Den Zucker in einer Pfanne erhitzen. Sobald er vollständig karamellisiert ist, die Bananen einlegen und mit dem Saft der Zitrusfrüchte übergießen. Einige Streifen Limettenzeste und die Zimtstange zugeben und bei milder Hitze 3–4 Minuten garen. Die Bananen immer wieder in dem Karamell wenden, bis sie rundherum goldbraun sind. Den Rum zugießen, kurz verrühren und mit einem langen Streichholz flambieren.

Karnevalskrapfen mit Vanille

Vorbereitung: 15 Minuten • Garzeit: 3 Minuten • Für 6 Personen

250 g Mehl
2 Eier
1 unbehandelte Limette
150 g feiner Zucker
1 EL Vanillezucker
½ EL gemahlener Zimt
1 Prise abgeriebene
Muskatnuss
2 EL Butter, zerlassen
60 ml alter brauner Rum
1 l Pflanzenöl zum Frittieren
100 g Puderzucker

Das Mehl sieben. Die Eier trennen. Die Schale der Limette abreiben.

In einer Schüssel das Mehl, die Eigelbe, den Zucker und 100 Milliliter Wasser behutsam verrühren. Die Limettenschale, den Vanillezucker, den Zimt, die Muskatnuss, die zerlassene Butter und den Rum zugeben und alles zu einem homogenen Teig verarbeiten.

Die Eiweiße steif schlagen und vorsichtig unter den Teig heben. Der Teig sollte glatt und frei von Klümpchen sein.

In einem Topf das Öl erhitzen. Mit einem Teelöffel den Teig in kleinen Bällchen abstechen und in dem heißen Öl goldbraun ausbacken. Auf Küchenpapier abtropfen lassen, mit Puderzucker bestäuben und heiß servieren.

AM FASCHINGSDIENSTAG IST AUF DEN ANTILLEN TRADITIONELL DAS GANZE VOLK AUF DEN BEINEN, UM ZU FEIERN. DANN VERKAUFEN HÄNDLER ÜBERALL IN DEN STRASSEN DIESE KRAPFEN.

Mango-Ananas-Kaltschale mit Rum

Vorbereitung: 10 Minuten · Garzeit: 5–6 Minuten ·
Kühlzeit: 12–24 Stunden

1 Ananas (von etwa 2 kg)
3 Julie-Mangos*
80 g Rohrzucker
1 Prise gemahlener Zimt
3 EL alter brauner Rum
1 l Milch
50 g Crème fraîche
Einige Blätter Minze zum
Garnieren

Die Ananas schälen, das Fruchtfleisch in kleine Würfel schneiden.
Die Mangos schälen, vom Stein befreien und in Stücke schneiden.
Die Früchte in der Küchenmaschine pürieren.

In einem Topf den Zucker mit dem Zimt vermengen und karamellisieren
lassen. Den Karamell mit dem Rum ablöschen. Die Milch und die pürierten Früchte zugeben und auf kleiner Flamme 5 Minuten garen. Zuletzt
die Crème fraîche unterrühren.

Die abgekühlte Mischung 24 Stunden im Kühlschrank kalt stellen.
Die Kaltschale mit frischer Minze garnieren und servieren.

Schneeweiße Kokoscreme

Zubereitung: 20 Minuten • Kühlzeit: 12–24 Stunden • Für 4 Personen

8 Blatt Gelatine
250 ml Milch
400 ml ungesüßte
Kokosmilch
350 g Crème fraîche
200 g feiner Zucker

Die Gelatine in kaltem Wasser einweichen.

Die Milch in einem Topf aufkochen. Die eingeweichte Gelatine gut ausdrücken und in die heiße Milch einrühren. Die Kokosmilch zugießen und 3 Minuten bei milder Hitze garen. Vollständig abkühlen lassen.

Inzwischen in einer Schüssel die Crème fraîche und den Zucker mit dem elektrischen Handrührgerät steif schlagen. Vorsichtig unter die Puddingmasse ziehen, diese in eine Form oder mehrere Dessertschalen füllen und 24 Stunden im Kühlschrank fest werden lassen.

Vier-Gewürze-Kuchen mit Ingwer

Vorbereitung: 20 Minuten • Backzeit: 45 Minuten • Für 6 Personen

8 Eier
200 g Zucker
1 Prise Salz
250 g weiche Butter, plus
Butter zum Fetten der Form
5 g Vanillezucker
250 g Mehl
20 g Backpulver
5 g gemahlener Zimt
200 g kandierter Ingwer, fein
gehackt
150 g Korinthen (nach
Belieben)
20 g Vier-Gewürze-Pulver
(quatre-épices*)
1 Prise Nelkenpulver

Den Ofen auf 180 °C vorheizen.

Die Eier in die Rührschüssel der Küchenmaschine schlagen. Den Zucker
und das Salz zugeben und auf kleiner Stufe schaumig schlagen. Die
Butter und den Vanillezucker zugeben und weiterschlagen, bis die
Masse hellgelb ist. Das Mehl, das Backpulver, den Zimt, den Ingwer,
die Korinthen (falls verwendet), das Vier-Gewürze-Pulver und das
Nelkenpulver hinzufügen und alles zu einem glatten Teig verarbeiten.

Den Teig in eine gebutterte Kastenform gießen und im Ofen 45 Minuten
backen.

Gebrannte Creme

Vorbereitung: 15 Minuten • Garzeit: 45 Minuten • Für 4 Personen

1 Vanilleschote
6 Eigelbe
80 ml heller Zuckerrohrsirup*
300 g Crème fraîche
500 ml Milch
3 EL brauner Rohrzucker

Die Vanilleschote der Länge nach spalten. Das Mark mit einer Messer-spitze herauskratzen und in eine Schüssel geben. Die Eigelbe, den Zuckerrohrsirup und die Crème fraîche hinzufügen und alles kräftig ver-schlagen. Die Milch zugießen, nochmals gründlich verrühren und die Mischung 15 Minuten ziehen lassen.

Den Ofen auf 180 °C vorheizen. Die Creme in Puddingförmchen füllen, diese in einen Bräter stellen und bis zur halben Höhe mit kochendem Wasser angießen. In dem Wasserbad im Ofen 45 Minuten garen. Die Förmchen herausheben und abkühlen lassen.

Vor dem Servieren den Backofengrill vorheizen. Die Creme mit dem Rohrzucker bestreuen und die Förmchen für 3 Minuten unter den heißen Grill schieben, bis die Oberfläche karamellisiert ist. (Sie können zum Karamellisieren auch eine offene Flamme, beispielsweise von einem Bunsenbrenner, verwenden.)

Kokosflans mit Karamellsauce

Vorbereitung: 15 Minuten ▪ Garzeit: 1 Stunde ▪ Kühlzeit: 12–24 Stunden
▪ Für 4 Personen

FÜR DEN KARAMELL
1 Vanilleschote
2 EL Rohrzucker
Saft von 1 Limette
50 ml alter brauner Rum
Saft von 2 Orangen

2 Eier
50 g Crème fraîche
100 ml ungesüßte Kokosmilch
100 ml gesüßte Kondensmilch
1 EL Kokosraspel, plus
Kokosraspel zum Garnieren
(nach Belieben)
Butter zum Einfetten

Zunächst den Karamell zubereiten: Die Vanilleschote längs spalten, das Mark mit einer Messerspitze herauskratzen und in einen Topf geben. Den Rohrzucker und den Limettensaft hinzufügen und bei mittlerer Hitze karamellisieren lassen. Den Rum und den Orangensaft zugießen und weitergaren, bis der Karamell siruparartig eindickt.

Den Ofen auf 180 °C vorheizen. In einer Schüssel die Eier, die Crème fraiche, die Kokosmilch, die Kondensmilch und 1 Esslöffel der Kokosraspel verschlagen. Vier kleine Flan- oder Puddingförmchen ausbuttern, etwas Karamell auf den Formböden verteilen und die Kokosmischung einfüllen.

Ein Wasserbad vorbereiten: Die Förmchen in eine Bratenpfanne stellen und diese bis zur halben Höhe der Förmchen mit kochendem Wasser füllen. Die Flans 1 Stunde im Ofen garen. Abkühlen lassen, aus der Form lösen und 24 Stunden im Kühlschrank durchkühlen.

Zum Servieren die Flans mit dem restlichen Karamell überziehen und nach Belieben mit Kokosraspel bestreuen.

Flambierte Mangosäckchen

Vorbereitung: 10 Minuten • Garzeit: 15–20 Minuten • Für 4 Personen

5 Mangos
2 unbehandelte Limetten
4 Orangen
2 EL Butter
100 g Rohrzucker
Abgeriebene Muskatnuss
2 Zimtstangen
4 EL alter brauner Rum
4 Filoteigblätter
Kandierte Kirschen, frische
Minze und Zitrusschalen zum
Garnieren (nach Belieben)

Die Mangos schälen, von den Steinen befreien und in grobe Würfel schneiden. Von den Limetten zwei Streifen Zeste abschälen und fein hacken. Den Saft der Limetten und Orangen auspressen und beiseite stellen.

In einer Pfanne die Butter aufschäumen. Den Zucker einstreuen, gut verrühren und bei milder Hitze karamellisieren lassen. Den Saft und die Zeste der Zitrusfrüchte sowie die Mangowürfel zugeben und sorgfältig umrühren. Etwas abgeriebene Muskatnuss und die Zimtstangen unter-mischen und 10 Minuten auf kleiner Flamme garen, bis die Sauce etwas eingedickt ist.

Den Ofen auf 230 °C vorheizen. Den Rum flambieren und unter das Mangokompott mengen. Die Filoteigblätter auf der Arbeitsfläche aus-breiten. Jeweils zwei Stücke Mango in die Mitte platzieren und die Teigränder so zusammenführen, dass ein »Säckchen« entsteht. Zum Verschließen mit einem Zahnstocher fixieren. Die Mangosäckchen 5 Minuten im Ofen backen.

Mit dem in der Pfanne verbliebenen Karamell auf einer Platte oder auf Einzeltellern einen Saucenspiegel gießen. Die Mangosäckchen hinein-setzen und nach Belieben mit kandierten Kirschen, frischer Minze und Zitrusschalen garnieren.

KAKAO

Schokoladenkuchen

Vorbereitung: 20 Minuten • Backzeit: 45 Minuten • Für 4 Personen

150 g Bitterschokolade (mindestens 70 % Kakaoanteil)
300 ml Milch
3 Eier
125 g weiche Butter, plus
Butter zum Einfetten
130 g feiner Zucker
1 Prise Salz
125 g Mehl, gesiebt
Puderzucker zum Bestäuben

Die Schokolade in Stücke zerteilen und mit der Milch in eine hitze-
beständige Schüssel geben. Die Schüssel auf einen Topf mit fast
siedendem Wasser setzen und die Schokolade langsam schmelzen
lassen. Gelegentlich umrühren.

Die Eier trennen. In einer Schüssel die Butter, die Eigelbe und den
Zucker schaumig und hellgelb schlagen. Die Eiweiße mit einer Prise
Salz zu sehr festem Eischnee schlagen. Vorsichtig das Mehl unter den
Eischnee ziehen. Dann behutsam die geschmolzene Schokolade und
die Eigelbmasse einarbeiten.

Den Ofen auf 190 °C vorheizen. Den Teig in eine gebutterte Form gießen
und 45 Minuten backen. Den Kuchen erkalten lassen, aus der Form
lösen und mit Puderzucker bestäuben. Dazu passt eine Vanillesauce.

Süßkartoffelpudding mit exotischer Fruchtsauce

Vorbereitung: 20 Minuten • Garzeit: 30 Minuten • Für 6 Personen

4 Süßkartoffeln
2 Limetten, plus 2 Streifen
Zeste von 1 unbehandelten
Frucht
2 Streifen Zeste von 1 unbehandelten Orange
1 Vanilleschote
3 Eier
150 g feiner Zucker
250 g Butter, zerlassen
1 Prise gemahlener Zimt
Einige Tropfen
Orangenblütenwasser
50 ml alter brauner Rum
2 TL Vanillezucker
Butter und Mehl für die Form

FÜR DIE EXOTISCHE
FRUCHTSAUCE
1 Mango
1 Kiwi
½ Ananas
2 Passionsfrüchte
2 Sternfrüchte (Karambolen)
½ Papaya
Zucker (nach Belieben)
Rum (nach Belieben)

Die Süßkartoffeln waschen, schälen und in kaltes Wasser legen. Den Saft einer Limette hineinpressen, damit die Kartoffeln nicht schwarz werden. Die Süßkartoffeln in gleich große Stücke schneiden und in einem Topf mit kaltem Salzwasser bedecken.

Die Limetten- und Orangenschale sowie die längs aufgeschlitzte Vanilleschote einlegen, zum Kochen bringen und 15 Minuten garen, bis die Süßkartoffeln weich sind. Abgießen, die Vanilleschote entfernen und die Süßkartoffeln mit den Zitrusschalen durch ein Passiergerät drehen. (Die Vanilleschote für Garniturzwecke zurücklegen.)

Nacheinander die Eier und anschließend den Zucker unter das Püree ziehen und sorgfältig einarbeiten. Die zerlassene Butter, den Zimt, das Orangenblütenwasser, den Rum und den Vanillezucker zugeben und weiter gründlich durchmischen. Zuletzt den Saft der verbliebenen Limette untermengen und das Püree nochmals kräftig verschlagen, bis es von glatter Konsistenz ist.

Den Ofen auf 150 °C vorheizen. Eine Pudding- oder Backform gleichmäßig buttern und mit Mehl ausstreuen. Das Süßkartoffelpüree einfüllen und 15 Minuten backen.

Inzwischen aus den exotischen Früchten eine Sauce (Coulis) zubereiten: Das Fruchtfleisch der Früchte in der Küchenmaschine pürieren und anschließend durch ein feines Sieb streichen. Nach Belieben mit Zucker und etwas Rum abschmecken.

Den Süßkartoffelpudding aus der Form lösen und mit der Vanilleschote garnieren. Lauwarm mit der Fruchtsauce servieren.

Tausend-Blätter-Kuchen mit Süßkartoffelcreme

Vorbereitung: 15 Minuten • Garzeit: 40 Minuten • Für 4 Personen

2 Pakete tiefgekühlter
Blätterteig, aufgetaut
200 g Süßkartoffeln
500 ml Milch
300 g feiner Zucker
2 Vanilleschoten
Abgeriebene Schale von
1 unbehandelten Limette
1 Zimtstange
6 Eigelbe
100 g Mehl, plus Mehl zum
Bestäuben
2 EL gemahlene Mandeln
60 g Butter
2 EL Puderzucker

Den Ofen auf 180 °C vorheizen.

Den Blätterteig auf der leicht bemehlten Arbeitsfläche ausrollen und in 12 gleich große Rechtecke schneiden. Die Teigrechtecke auf ein Backblech legen und mit den Zinken einer Gabel mehrmals einstechen. Ein zweites Blech daraufsetzen und mit Backlinsen beschweren, damit der Teig beim Backen nicht aufgeht. Im Ofen 15 Minuten blindbacken.

Die Süßkartoffeln schälen, würfeln und mit der Hälfte der Milch in einem Topf vermengen; 100 g Zucker, das ausgekratzte Mark und die Schale einer Vanilleschote, die Limettenschale und die Zimtstange zugeben und 15–20 Minuten kochen, bis die Kartoffeln weich sind. Abgießen, Vanilleschote und Zimtstange entfernen und die Süßkartoffeln mit einer Gabel zerdrücken.

Die zweite Vanilleschote längs spalten, das Mark herauskratzen und mit der Schote in die restliche Milch geben. Zum Kochen bringen. Inzwischen die Eigelbe mit den verbliebenen 200 g Zucker verschlagen. Das Süß-kartoffelpüree, das Mehl und die gemahlenen Mandeln unterziehen. Unter ständigem Schlagen die kochende Milch zugießen und alles zu einer homogenen Masse verarbeiten. Die Mischung zurück in den Topf geben und bei milder Hitze noch 2–3 Minuten garen. Zuletzt die Butter unter-schlagen, bis die Creme glatt ist. Die Vanilleschote entfernen und die Creme erkalten lassen.

Vier Blätterteigböden nebeneinander legen und mit etwas Süßkartoffel-creme bestreichen. Einen zweiten Teigboden auflegen und ebenfalls mit der Creme bestreichen. Mit den restlichen Blätterteigböden bedecken und mit Puderzucker bestäuben. Dazu nach Belieben eine Vanillesauce mit frischer Minze servieren.

Mango-Passionsfrucht-Creme

Zubereitung: 30 Minuten • Für 6 Personen

2 ganz reife Mangos (etwa
500 g Fruchtfleisch)
6 Passionsfrüchte
2 Blatt Gelatine
200 g feiner Zucker
Abgeriebene Schale von
1 unbehandelten Limette
2 EL Passionsfruchtsirup
1 Papaya
10 Blätter frische Minze

Die Mangos schälen, vom Stein befreien und das Fruchtfleisch im Mixer pürieren. Die Passionsfrüchte halbieren, mit einem Teelöffel das Fruchtfleisch herauslösen und unter Zugabe von etwas kaltem Wasser ebenfalls pürieren. Den Passionsfruchtsaft durch ein Sieb streichen. Die Gelatine in kaltem Wasser einweichen.

In einer Schüssel den Passionsfruchtsaft mit dem Zucker gründlich verrühren. Die eingeweichte Gelatine gut ausdrücken und in einem kleinen Topf bei schwacher Hitze auflösen (eventuell etwas Fruchtsaft zugeben). Das Mangopüree, die Limettenschale, die aufgelöste Gelatine und den Passionsfruchtsirup zugeben und die Mischung nochmals in der Küchenmaschine aufmixen.

Die Papaya schälen und von den Kernen befreien. Das Fruchtfleisch in feine Streifen schneiden. Einige Blätter Minze und Papayastreifen in die Gläser einlegen. Mit der Mango-Passionsfrucht-Creme auffüllen und im Kühlschrank durchkühlen lassen. Kalt servieren.

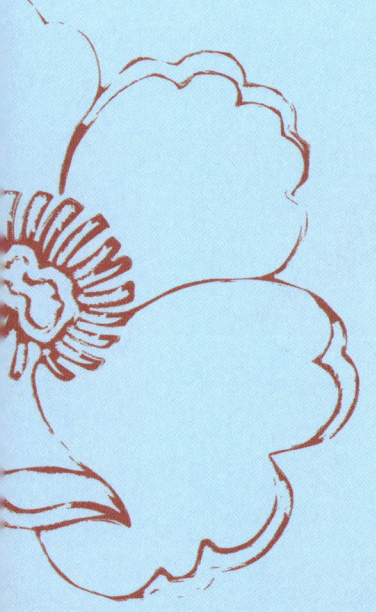

Frittierte Kokosröllchen mit Ananascoulis

Vorbereitung: 35 Minuten • Garzeit: 2 Minuten • Für 4 Personen

1 Kokosnuss
20 g Butter
200 g brauner Zucker
1 Vanilleschote
1 Prise gemahlener Zimt
Abgeriebene Muskatnuss
Etwas abgeriebene Schale
von 1 unbehandelten Limette
8 runde Reisblätter (16 cm Ø,
aus dem Asia-Laden)
1 Baby-Ananas
1 l Pflanzenöl zum Frittieren
2 EL Puderzucker
4 Blätter frische Minze

FÜR DIE ANANASCOULIS
1 Ananas
Saft von ½ Limette
Rum nach Belieben

Die Kokosnuss öffnen, das Kokoswasser abfließen lassen und das Fruchtfleisch fein raspeln.

In einem Topf die Butter aufschäumen, den Zucker einstreuen und unter Rühren leicht karamellisieren lassen. Das geraspelte Kokosmark zugeben (einige Raspel für Garniturzwecke zurückbehalten) und weitere 2–3 Minuten rühren. Etwa 100 Milliliter Wasser, die längs aufgeschlitzte Vanilleschote, den Zimt, etwas abgeriebene Muskatnuss und Limettenschale hinzufügen und unter Rühren zum Kochen bringen. Weitere 100 Milliliter Wasser zugießen und bei mittlerer Hitze 15–20 Minuten garen, bis die Masse von cremiger Konsistenz ist. Die Vanilleschote entfernen und die Kokoscreme abkühlen lassen.

Die Reisblätter in ein feuchtes Küchentuch einschlagen, damit sie elastisch werden und sich leichter verarbeiten lassen. Die Baby-Ananas schälen und in dünne Streifen schneiden. Die Blätter ausbreiten und einige Ananasstreifen in die Mitte legen. Mit der Kokoscreme überziehen, die Teigblätter aufrollen und dabei die Enden seitlich einschlagen. Die gefüllten Röllchen 5–8 Minuten ruhen lassen.

Das Öl in einem Topf sehr heiß werden lassen und die Kokosröllchen darin goldbraun ausbacken. Ab und zu wenden, damit sie gleichmäßig Farbe nehmen. Auf Küchenpapier abtropfen lassen.

Die restlichen Kokosraspel auf einer Platte verstreuen, die frittierten Kokosröllchen darauf anrichten und mit dem Puderzucker bestäuben. Mit Minzeblättern garnieren und mit einer Ananascoulis servieren.

Für die Ananascoulis das Fruchtfleisch der Ananas mit dem Limettensaft in der Küchenmaschine pürieren und anschließend durch ein feines Sieb streichen. Nach Belieben mit etwas Rum abschmecken.

Papayasalat mit Himbeeren und Minze

Zubereitung: 10 Minuten • Für 4 Personen

2 reife Papayas
200 g Himbeeren
Saft von 1 Mandarine
3 EL feiner Zucker
100 ml weißer Rum
5 Blätter frische Minze

Die Papayas schälen und halbieren. Mit einem Teelöffel vorsichtig die Kerne entfernen und das Fruchtfleisch in dicke Scheiben schneiden.

Die Himbeeren, den Mandarinensaft, den Zucker und den Rum im Mixer pürieren. Die Minzeblätter in feine Streifen schneiden. Die Papayascheiben in das Himbeerpüree einlegen, sorgfältig durchmischen und kalt servieren.

Tourment d'Amour

Vorbereitung: 1 Stunde • Backzeit: 20 Minuten • Für 6 Personen

1 Paket tiefgekühlter
Blätterteig, aufgetaut
Butter zum Einfetten

FÜR DIE KOKOSKONFITÜRE
2 Kokosnüsse
500 g Rohrzucker
Abgeriebene Schale von
1 unbehandelten Limette
1 Prise gemahlener Zimt

FÜR DEN BISKUIT
8 Eier
250 g feiner Zucker
1 TL Vanillezucker
250 g Mehl, durchgesiebt

FÜR DIE KONDITORCREME
150 g Rohrzucker
80 g Mehl
4 Eier
250 ml Milch
1 Vanilleschote

Die Kokoskonfitüre zubereiten: Mit einem spitzen Gegenstand die »Augen« der Kokosnuss durchbohren, das Kokoswasser ausleeren und auffangen. Die Nuss aufbrechen, das Fruchtfleisch herauslösen und raspeln. Die Kokosraspel, den Zucker, das Kokoswasser, die Limettenschale, den Zimt sowie 100 Milliliter Wasser in einem Topf zum Kochen bringen und bei schwacher Hitze 30 Minuten eindicken lassen. Beiseite stellen.

Den Biskuit zubereiten: Die Eier in einer Schüssel verschlagen. Den Zucker und den Vanillezucker einstreuen und weiterschlagen, bis die Masse schaumig ist. Zuletzt das Mehl unterrühren. Beiseite stellen.

Die Konditorcreme zubereiten: In einer Schüssel den Zucker, das Mehl und die Eier kräftig verschlagen, bis eine glatte Masse entstanden ist. In einem Topf die Milch mit der aufgeschlitzten Vanilleschote erhitzen und einige Minuten ziehen lassen. Die heiße Vanillemilch in die Eiermasse gießen und so lange schlagen, bis die Creme glatt ist. Die Vanilleschote wieder entfernen und die Creme abkühlen lassen.

Den Ofen auf 180 °C vorheizen. Eine runde Form buttern und mit dem Blätterteig auskleiden. Die Hälfte der Kokoskonfitüre einfüllen und mit der Konditorcreme bedecken. Die restliche Kokoskonfitüre darüber verteilen und mit dem Biskuitteig bedecken. Im Ofen 20 Minuten backen.

Anmerkung: *Tourment d'Amour* – wörtlich »Liebesqual« – ist eine Süßigkeit von den Îles des Saintes.

Tarte Tatin mit Chayoten und Honig

Vorbereitung: 15 Minuten • Backzeit: 20 Minuten • Für 6 Personen

1 kg Chayoten (*christophines**)
100 g Butter
1 Prise Salz
30 g feiner Zucker
1 Päckchen Vanillezucker
1 Prise gemahlener Zimt
1 Prise Tapioka (oder
Maisstärke)
Etwas frisch geriebene
Ingwerwurzel
2 EL Honig
1 Paket tiefgekühlter
Blätterteig, aufgetaut

Die Chayoten schälen, der Länge nach vierteln und den großen Samen herauslösen. Die Viertel noch einmal halbieren und beiseite stellen.

In einer Pfanne die Butter mit einer Prise Salz aufschäumen. Die Chayotenstücke bei lebhafter Hitze 3 Minuten in der Butter schwenken, bis sie rundherum etwas Farbe genommen haben.

Den Ofen auf 200 °C vorheizen. Den Zucker und den Vanillezucker in einer runden Kuchen- oder Torteform gleichmäßig verstreuen. Die Chayotenstücke dicht an dicht einlegen und mit dem Zimt und der Stärke bestreuen. Etwas frische Ingwerwurzel über die Früchte reiben und mit dem Honig bestreichen.

Den Blätterteig ausrollen und einen kreisrunden Deckel für die Form ausschneiden. Den Teigdeckel über die Früchte legen und an den Rändern der Form einschlagen. Mit einer Gabel mehrmals einstechen, damit der beim Backen entstehende Dampf entweichen kann.

Den Kuchen 15 Minuten backen. Die Temperatur auf 150 °C reduzieren und weitere etwa 5 Minuten backen, bis der Teig goldbraun ist. Aus dem Ofen nehmen und sofort auf eine Kuchenplatte stürzen.

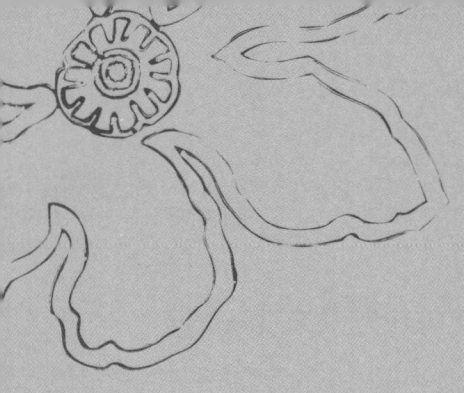

Rum-Granita mit Limettensaft und Estragon

Zubereitung: 5 Minuten • Gefrierzeit: 3 Stunden • Für 4 Personen

Saft von 1 Limette
100 ml weißer Rum
10 Zweige frischer Estragon
120 g feiner Zucker

Den Limettensaft, den Rum und den Estragon in einer Schüssel vermengen. In einem Topf 500 Milliliter Wasser mit dem Zucker verrühren, aufkochen und 5 Minuten köcheln lassen. Den Zuckersirup über die Rummischung gießen, mit einem Tuch bedecken und 30 Minuten ziehen lassen.

Die Mischung durch ein Sieb in eine Schüssel aus rostfreiem Stahl passieren und für etwa 3 Stunden in den Gefrierschrank stellen. Die Granita jede halbe Stunde mit einer Gabel durchrühren, damit sich möglichst kleine Eiskristalle bilden. In kleine Gläser füllen und servieren. Wir nennen diese Granita »le trou antillais« – in Anlehnung an den »trou normand« der Franzosen (ein Gläschen Schnaps als »Aufräumer« zwischen den Gängen, meist Calvados).

HONIG

Bananenkuchen mit Schokolade

Vorbereitung: 8–10 Minuten • Backzeit: 20 Minuten • Für 4 Personen

8 vollreife Bananen
90 g Butter, plus Butter für
die Form
50 g Vanillezucker
200 g Schokoladenraspel
1 Paket tiefgekühlter
Blätterteig, aufgetaut

Die Bananen schälen und in drei Teile zerteilen. Die Butter in einer Pfanne aufschäumen, den Vanillezucker einstreuen und leicht karamellisieren lassen. Die Bananen einlegen und einige Minuten behutsam in der Mischung wenden, bis sie rundherum goldbraun sind.

Den Ofen auf 140 °C vorheizen. Eine Tarteform ausbuttern und die Schokoladenraspel gleichmäßig auf dem Formboden verteilen. Die Bananen dicht an dicht einlegen. Den Blätterteig ausrollen und einen kreisrunden Deckel für die Form ausschneiden. Die Bananen mit dem Blätterteig bedecken und den Teig am Formrand einschlagen. Den Kuchen 20 Minuten backen. Aus dem Ofen nehmen und auf eine Kuchenplatte stürzen. Lauwarm mit Bananeneis servieren.

SCHNEEBALL

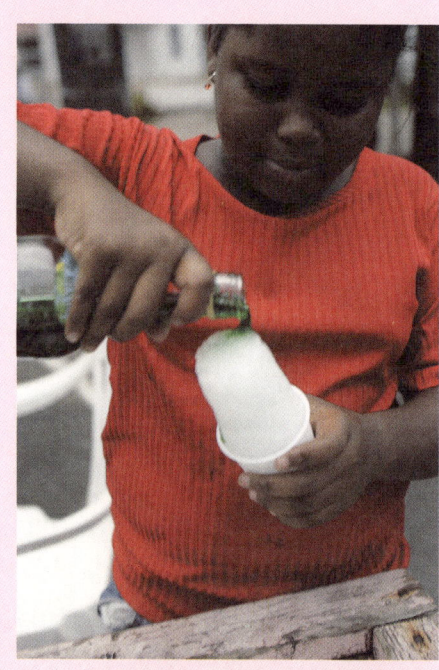

Kokossorbet

Zubereitung: 30 Minuten • Gefrierzeit: je nach verwendeter Sorbetière •
Ergibt 1 Liter

4 Kokosnüsse
1 Dose (400 ml) gesüßte
Kondensmilch
1 Prise gemahlener Zimt
Abgeriebene Schale von
1 unbehandelten Limette
100 g feiner Zucker
1 Vanilleschote

Die Kokosnüsse öffnen, das Kokoswasser ausleeren. Das Fruchtfleisch herauslösen und raspeln.

Die Kokosraspel in einem Topf mit 500 Milliliter Wasser zum Kochen bringen. Vom Herd nehmen und 20 Minuten ziehen lassen. Die Mischung durch ein sauberes Tuch in eine Schüssel abtropfen lassen. Die Tuchenden zusammenführen und durch Wringen möglichst viel Kokosmilch aus der Masse herauspressen.

Die Kokosmilch, die Kondensmilch, den Zimt, die Limettenschale und den Zucker in einem Topf vermengen. Die Vanilleschote längs aufschneiden, das Mark herauskratzen und ebenfalls in die Milch geben. Kurz aufkochen, vollständig abkühlen lassen und in einer Sorbetière nach Anleitung gefrieren.

Passionsfruchtsorbet

Vorbereitung: 15 Minuten • Garzeit: 2–3 Minuten • Gefrierzeit: je nach
verwendeter Sorbetière • Ergibt 1 Liter

1 kg Passionsfrüchte
400 g feiner Zucker
Saft von 1 Limette

Die Passionsfrüchte halbieren, das Fruchtfleisch mit einem Teelöffel
herauslösen und mit etwa 100 Milliliter Wasser im Mixer pürieren.
Das Püree durch ein feines Sieb streichen, um Verunreinigungen
herauszufiltern.

In einem Topf 250 Milliliter Wasser mit dem Zucker zum Kochen
bringen und 2–3 Minuten köcheln lassen. Vom Herd nehmen und das
Passionsfruchtpüree und den Limettensaft gleichmäßig unterrühren.
Abkühlen lassen und in einer Sorbetière nach Anleitung gefrieren.

Kokos-Maniok-Fladen

Ruhen und Trocknen: 48 Stunden • Vorbereitung: 40 Minuten •
Garzeit: 4 Minuten • Für 8 Personen

6 kg Maniok
2 Kokosnüsse
180 g Rohrzucker
1 Prise gemahlener Zimt
1 Prise abgeriebene
Muskatnuss
2 EL Puderzucker
Pflanzenöl für die Pfanne

Die Maniokwurzeln schälen, gründlich waschen und fein reiben. Das geriebene Fruchtfleisch in ein sauberes Küchentuch einschlagen. Die Tuchenden zusammenfassen und so viel Saft wie möglich herauspressen. Den Saft in einer Schüssel auffangen und 24 Stunden ruhen lassen.

Am nächsten Tag hat sich am Boden der Schüssel eine weiße Masse abgesetzt, die wir Antillianer *moussache* nennen. Sie besteht hauptsächlich aus Stärke (Tapioka). Das Wasser abgießen und die Stärke 24 Stunden in der Sonne trocknen lassen. Sobald sie nur noch einen kleinen Rest Feuchtigkeit enthält, die Stärke sieben.

Die Kokosnüsse öffnen, das Kokoswasser abfließen lassen. Das Fruchtfleisch herauslösen und raspeln. Einige Kokosraspel für Garniturzwecke zurückbehalten. Den Rest mit dem Zucker, Zimt, der Muskatnuss und der Stärke vermengen. Aus dem Teig ganz flache, kleine Fladen formen. Eine Pfanne erhitzen, mit etwas Öl einpinseln und die Fladen einlegen. Von jeder Seite 2 Minuten backen.

Sie können die Fladen sowohl heiß als auch kalt servieren. Zuvor werden sie mit einigen Kokosraspeln und Puderzucker bestreut.

Kokosbonbons nach Art von Réunion

Vorbereitung: 20 Minuten • Garzeit: 3 Minuten • Für 10 Personen

3 Kokosnüsse
250 g feiner Zucker
1 EL Grenadine
(Granatapfelsirup)
1 l Pflanzenöl zum Frittieren

Die Kokosnüsse öffnen und das Kokoswasser ausleeren. Das Fruchtfleisch herauslösen und in eine Schüssel reiben. Den Zucker und den Granatapfelsirup zugeben und alles gründlich vermengen. Aus der Masse kleine Kügelchen formen.

Das Öl in einem Topf sehr heiß werden lassen. Die Kügelchen hineingeben und bei mittlerer Hitze 3 Minuten frittieren. Auf Küchenpapier abtropfen und vor dem Verzehr abkühlen lassen.

Kokospralinen mit roter und grüner Haube

Vorbereitung: 20 Minuten • Garzeit: 30 Minuten • Für 4 Personen

3 Kokosnüsse
100 g Zucker
Abgeriebene Schale von
1 unbehandelten Zitrone
100 ml Grenadine
(Granatapfelsirup)
100 ml Minzsirup

Die Kokosnüsse öffnen und das Kokoswasser abfließen lassen. Das Fruchtfleisch herauslösen und reiben.

Die Kokosraspel, den Zucker und die Zitronenschale in einem Topf mit 400 Milliliter Wasser vermengen und 30 Minuten köcheln lassen, bis das Wasser vollständig verdampft ist. Vom Herd nehmen.

Ein Backblech mit Alufolie oder Backpapier auslegen. Von der Kokosmasse 3 Esslöffel abnehmen und beiseite stellen. Den Rest mit einem Löffel zu acht kleinen Häufchen formen und auf das Blech setzen.

Die zurückbehaltene Kokosmasse zur Hälfte mit der Grenadine und zur anderen Hälfte mit dem Minzsirup einfärben. Die Hälfte der Pralinen mit einer roten, die andere Hälfte mit einer grünen Haube versehen.

Kreolische Zuckerlollis

Vorbereitung: 5 Minuten • Garzeit: 10 Minuten • Für 4 Personen

250 g Rohrzucker
Öl für die Arbeitsfläche

Den Zucker in einem Topf mit wenig Wasser bedecken. Bei schwacher Hitze zum Kochen bringen und dabei ständig rühren, bis sich der Zucker vollständig aufgelöst hat. Die Temperatur erhöhen und die Zuckerlösung zu einem hellen Karamell von dicker Konsistenz einkochen.

Den Topf vom Herd nehmen und die Masse etwas abkühlen lassen.

Den Karamell auf eine leicht geölte Marmorplatte (oder ein geöltes Back-blech) gießen. Sobald er erkaltet, aber noch nicht hart ist, mit einem Messer in Stücke zerteilen und zu kugelrunden oder flachen Lollis formen. In jeden Lutscher einen kleinen Stiel hineinstecken.

Kilibibi (Kreolisches Popcorn)

Vorbereitung: 20 Minuten ▪ Garzeit: 10 Minuten ▪ Für 4 Personen

600 g getrocknete
Maiskörner (Popcornmais)
300 g Rohrzucker
1 TL gemahlener Zimt
½ TL abgeriebene
Muskatnuss

Einen gusseisernen Topf erhitzen. Die Maiskörner hineingeben und unter Rühren mit einem Holzlöffel rösten, bis sie platzen. Ständig kräftig weiterrühren, bis sämtlicher Mais zu Popcorn geworden ist (vorsicht, die Körner springen beim Platzen!). Beiseite stellen. Den Zucker im Mixer durch einen kurzen Impuls zermahlen.

Das Popcorn im Mixer grob zermahlen (aber nicht atomisieren!). Den Zucker, Zimt und die Muskatnuss in einer Schüssel vermengen. Das Popcorn zugeben und weiter rühren, bis alles gut durchmischt ist. Das Kilibibi in Tüten aus Zeitungspapier (oder andere bunte Papiertüten) füllen und servieren.

Ein traditionelles Rezept von der Insel Maria-Galante, geradewegs meinen Kindheitserinnerung entsprungen.

Kokos-Lokio (Kokoskrokant)

Vorbereitung: 15 Minuten • Garzeit: 15–20 Minuten • Für 4 Personen

2 Kokosnüsse
1 l heller Zuckerrohrsirup*
½ TL gemahlener Zimt
1 Prise abgeriebene
Muskatnuss
Öl

Die Kokosnüsse öffnen, das Kokoswasser ausleeren. Das Fruchtfleisch herauslösen und in einen Topf raspeln. Den Zuckerrohrsirup und die Gewürze zugeben und verrühren.

Die Mischung bei schwacher Hitze 15–20 Minuten garen, bis sie goldbraun karamellisiert und sehr dick ist. Vom Herd nehmen und sofort in kleinen Häufchen auf ein leicht geöltes Blech setzen. Abkühlen lassen.

Kokosplätzchen

Vorbereitung: 40 Minuten ▪ Garzeit: 10–15 Minuten ▪ Für 6 Personen

400 g frisch geriebene
Kokosraspel
200 g Rohrzucker
2 TL Vanillezucker
1 Prise gemahlener Zimt
Abgeriebene Schale von
1 unbehandelten Zitrone
1 TL Mandelessenz
150 ml Kokoswasser
Öl für das Blech

Sämtliche Zutaten außer dem Kokoswasser in einen Topf geben und gründlich verrühren. Bei schwacher Hitze zum Kochen bringen. Das Kokoswasser zugießen und 10–15 Minuten unter ständigem Rühren garen, bis die Mischung karamellisiert ist.

Die Mischung auf ein leicht geöltes Blech gießen, etwas abkühlen lassen und mit einem Wellholz flach walzen. In kleine Plätzchen zerteilen und vollständig erkalten lassen.

Kokoskonfekt

Vorbereitung: 40 Minuten • Garzeit: 50 Minuten • Für 10 Personen

3 Kokosnüsse
200 ml Milch
1 Vanilleschote
1 unbehandelte Limette
1 kg Rohrzucker
1 Dose (400 ml)
Kondensmilch
1 Prise gemahlener Zimt
Öl für das Blech

Die Kokosnüsse öffnen, das Kokoswasser abfließen lassen. Das Frucht-fleisch herauslösen und fein raspeln. In einer Schüssel mit der Milch übergießen und gut vermengen. Ein Sieb mit einem sauberen Tuch aus-legen und die Kokosmilch hineingießen. Gut abtropfen lassen, dann die Tuchenden zusammenfassen und möglichst viel Nussmilch aus der Masse herauspressen.

Die Vanilleschote der Länge nach spalten und mit einer Messerspitze das Mark herauskratzen. Die Schale der Limette abreiben.

Den Zucker in einem Topf karamellisieren lassen. Die Kokosmilch, die Kondensmilch, den Zimt, das Vanillemark und die Limettenschale zu-geben und bei mittlerer Hitze 50 Minuten garen. Regelmäßig mit einem Holzlöffel umrühren.

Ein Blech einölen. Die Kokosmasse daraufgießen und 30 Minuten ab-kühlen lassen. Das Konfekt mit einem Messer in Würfel schneiden und vor dem Herausnehmen einige Zeit im Kühl- oder Gefrierschrank fest werden lassen.

Bananenkonfitüre

Vorbereitung: 15 Minuten • Garzeit: 15 Minuten • Ergibt 6 Gläser

8 sehr reife Bananen
200 g feiner Zucker
Saft von 1 Orange
Saft von 1 Limette
1 Vanilleschote

Die Bananen schälen und mit der Gabel in einer Schüssel zerdrücken. Den Zucker, den Orangesaft und den Limettensaft zugeben und alles zu einem Brei verrühren. Den Bananenbrei in einem Topf auf kleiner Flamme unter ständigem Rühren erhitzen.

Die Vanilleschote längs spalten, unter das Bananenpüree mengen und weitere 10–15 Minuten garen, bis die Mischung braun wird. Die Konfitüre abkühlen lassen, in sterile Gläser füllen und im Kühlschrank aufbewahren.

Barbadinekonfitüre

Vorbereitung: 10 Minuten • Garzeit: 25 Minuten • Ergibt 6 Gläser

1 kg Riesengranadillas*
(barbadines)
700 g feiner Zucker
Saft von 1 Limette

Die Granadillas schälen, das Fruchtfleisch in dünne Streifen schneiden.

Den Zucker in einem Topf mit 250 Milliliter Wasser und dem Limettensaft zum Kochen bringen. Die Früchte hineingeben und 25 Minuten köcheln lassen.

Die Konfitüre in sterile Gläser füllen und luftdicht verschließen. Die Gläser zum Abkühlen in eine Schüssel mit kaltem Wasser stellen.

Kokoskonfitüre

Vorbereitung: 30 Minuten • Garzeit: 20–25 Minuten • Ergibt 6 Gläser

2 Kokosnüsse
300 g feiner Zucker
1 Zimtstange
Abgeriebene Schale von
1 unbehandelten Limette

Die Kokosnüsse öffnen, das Kokoswasser abfließen lassen, das Fruchtfleisch herauslösen und raspeln.

Den Zucker in einem Topf mit 250 Milliliter Wasser vermengen. Die Zimtstange einlegen und zum Kochen bringen. Sobald der Zucker vollständig aufgelöst ist, die Kokosraspel und die Limettenschale zugeben und bei schwacher Hitze unter häufigem Rühren 20–25 Minuten garen, bis die Mischung klar ist.

Die Zimtstange entfernen und die Kokoskonfitüre in sterile Gläser füllen, luftdicht verschließen und kühl lagern.

ROHRZUCKER

Mangokonfitüre

Vorbereitung: 10 Minuten • Garzeit: 35 Minuten • Ergibt 6 Gläser

4 große Julie-Mangos*
700 g feiner Zucker
Saft von 1 Limette
1 Vanilleschote

Die Mangos waschen, schälen und vom Stein befreien. Das Fruchtfleisch in dünne Scheiben schneiden.

Den Zucker und den Limettensaft in einem Topf mit 200 Milliliter Wasser vermengen, zum Kochen bringen und 5 Minuten köcheln lassen. Das Mangofleisch und die längs gespaltene Vanilleschote zugeben und bei mittlerer Hitze 30 Minuten garen.

Die Vanilleschote wieder herausnehmen und die Mischung, falls nötig, abschäumen. Die Konfitüre in sterile Gläser füllen und luftdicht verschließen. Zum Abkühlen in eine Schüssel mit kaltem Wasser stellen.

Papayakonfitüre

Vorbereitung: 10 Minuten • Garzeit: 1 Stunde • Ergibt 6 Gläser

1 große, reife Papaya
(etwa 1 kg)
800 g feiner Zucker
Saft von 1 Limette
1 Vanilleschote

Die Papaya schälen, halbieren und mit einem Teelöffel vorsichtig die kleinen schwarzen Kerne entfernen. Das Fruchtfleisch in große Würfel schneiden.

Den Zucker und den Limettensaft in einem Topf mit 250 Milliliter Wasser zum Kochen bringen und 30 Minuten sprudelnd kochen lassen. Die Papayawürfel und die längs gespaltene Vanilleschote hineingeben und weitere 30 Minuten garen.

Die Vanilleschote wieder herausnehmen. Die Konfitüre in sterile Gläser füllen und luftdicht verschließen. Zum Abkühlen in eine Schüssel mit kaltem Wasser stellen.

Süßkartoffelkonfitüre

Vorbereitung: 10 Minuten • Garzeit: 1 Stunde 10 Minuten • Ergibt 6 Gläser

800 g Süßkartoffeln
200 g feiner Zucker
1 Vanilleschote
1 Zimtstange
2 Blätter frische Minze

Die Süßkartoffeln schälen, grob würfeln und in kochendem Wasser 15 Minuten garen. Abtropfen lassen.

In einem Topf den Zucker, die längs gespaltene Vanilleschote, die Zimtstange und die in Streifen geschnittene Minze mit 500 Milliliter Wasser vermengen. Zum Kochen bringen und in 10–15 Minuten zu einem Sirup einkochen.

Die Süßkartoffelwürfel zugeben und weitere etwa 40 Minuten auf kleiner Flamme köcheln lassen. Die Konfitüre in sterile Gläser füllen und luftdicht verschließen.

Guavengelee

Vorbereitung: 15 Minuten • Garzeit: 1 Stunde • Ergibt 6–8 Gläser

1 kg Guaven
700 g feiner Zucker
1 Vanilleschote
2 Prise gemahlener Zimt
Geriebene Muskatnuss

Die Guaven schälen und in kleine Stücke schneiden. Die Früchte mitsamt den Schalen in einem großen Topf mit Wasser bedecken. Zum Kochen bringen und 20 Minuten garen.

Die Mischung durch ein Sieb passieren. Den Guavensaft zurück in den Topf gießen, die längs gespaltene Vanilleschote, den Zimt und die Muskatnuss unterrühren und unter häufigem Rühren weitere 40 Minuten kochen, bis die Mischung gelierfähig ist. Zur Garprobe einige Tropfen Saft auf einen Teller geben. Wenn der Saft sofort fest wird, ist das Gelee fertig.

Das Guavengelee in sterile Gläser füllen und luftdicht verschließen. Zum Abkühlen in eine Schüssel mit kaltem Wasser stellen.

Johannisbeergelee

Vorbereitung: 30 Minuten • Garzeit: 50 Minuten • Ergibt 8 Gläser

1 kg Rote Johannisbeeren
750 g feiner Zucker
Saft von 2 Limetten

Die Johannisbeeren entstielen und gründlich waschen.

In einem Topf den Zucker und den Limettensaft vermengen und 10 Minuten unter Rühren langsam erhitzen, bis sich der Zucker aufgelöst hat. Die Beeren zugeben und weitere 40 Minuten garen. Falls nötig, zwischendurch abschäumen. Die Mischung durch ein feines Sieb streichen.

Das Gelee in sterile Gläser füllen, luftdicht verschließen und zum Abkühlen in eine Schüssel mit kaltem Wasser stellen.

TI'PUNCH & CO.

RUM

Punsch Babette

Zubereitung: 8–10 Minuten • Pro Person

¼ unbehandelte Orange
¼ unbehandelte Limette
5 cl weißer Rum
5 cl Triple Sec
5 cl Mandarinenlikör
1 EL Mandarinensirup
1 EL Grenadine
Zerstoßenes Eis

Die Orange und die Limette in jeweils drei Stücke schneiden.

Den Rum, den Triple Sec, den Mandarinenlikör und -sirup in ein großes Cocktailglas gießen und gut verrühren. Zerstoßenes Eis und die zuvor leicht ausgepressten Zitrusfruchtstücke zugeben.

Die Grenadine zugießen, ganz behutsam, damit sie auf den Glasboden sinkt, und sofort servieren.

Traditioneller Ti'Punch von Guadeloupe

Zubereitung: 5 Minuten • Pro Person

¼ unbehandelte Limette
2 EL Rohrzucker
4 cl weißer Rum

Die Limette in kleine Stücke schneiden und in ein kleines Glas füllen. Den Zucker zugeben und die Mischung mit einem kleinen Löffel oder einem Stößel zerdrücken, sodass sich der Limettensaft mit dem Zucker vermischt. Den Rum zugießen, kurz verrühren und servieren.

Auf Martinique trinkt man den Ti'Punch auf Eis.

TI'PUNCH WIRD AUF DEN ANTILLEN IN KLEINEN ›VERRES À PUNCH‹ (PUNSCHGLÄSERN) SERVIERT. WIR SAGEN ›TI'PUNCH‹, WEIL DIE GLÄSER SO KLEIN – ›PETIT‹ – SIND ... DARUM DARF MAN RUHIG EIN PAAR MEHR DAVON TRINKEN!

Liebespunsch

Zubereitung: 15 Minuten • Ziehen (Mazerieren): 2 Monate •
Für 4 Personen

100 g *bois bandé** (Muira
Puama, Potenzholz)
100 g frische Ingwerwurzel
2 Vanilleschoten
4 EL Honig
50 cl weißer Rum
1 Prise gemahlener Zimt

Das Potenzholz und die Ingwerwurzel reiben. Die Vanilleschoten längs
spalten und in Stücke schneiden. Sämtliche Zutaten in einem großen
Einmachglas vermengen und luftdicht verschließen.

Den Punsch 2 Monate ziehen lassen, abseihen und in kleinen Gläsern
servieren. Nach Belieben mit Minzeblättern und Limettenscheiben
garnieren.

Kokospunsch

Zubereitung: 40 Minuten • Ziehen (Mazerieren): 24 Stunden •
Pro Person

1 Kokosnuss
6 cl weißer Rum
1 EL Kokossirup oder
Zuckersirup
1 Prise gemahlener Zimt
1 Prise abgeriebene
Muskatnuss
1 Vanilleschote

Die Kokosnuss öffnen, das Kokoswasser abfließen lassen. Das Fruchtfleisch herauslösen und fein reiben. In einer Schüssel mit 150 Milliliter
kochendem Wasser übergießen und ziehen lassen, bis die Mischung
abgekühlt ist. Durch ein Küchentuch in eine Schüssel abseihen, die
Tuchenden zusammenführen und möglichst viel Nussmilch aus der
Masse herauspressen.

Die Kokosmilch mit dem Rum, dem Kokossirup, dem Zimt und Muskat
vermengen. Die Vanilleschote spalten, das Mark herauskratzen und
in die Mischung einrühren. Den Kokospunsch 24 Stunden durchziehen
lassen und mit zerstoßenem Eis servieren.

Passionsfruchtpunsch

Zubereitung: 10 Minuten • Für 2 Personen

300 g Passionsfrüchte
100 g feiner Zucker
25 cl weißer Rum

Die Passionsfrüchte halbieren und das Fruchtfleisch mit den Kernen
herauslösen. Mit 100 Milliliter Wasser und dem Zucker im Mixer
2–3 Minuten pürieren. Die Mischung 3–4 Mal durch ein feines Sieb
streichen, bis keine körnigen Rückstände mehr verblieben sind. Den
Rum zugießen und verrühren.

Den Punsch in einer fest verschlossenen Flasche kalt stellen und über
zerstoßenem Eis servieren.

Ingwerpunsch

Zubereitung: 10 Minuten • Ziehen (Mazerieren): etwa 2 Monate • Ergibt 1 Liter

200 g frische Ingwerwurzel
200 g feiner Zucker
1 l weißer Rum

Den ungeschälten Ingwer reiben und mit dem Zucker in ein fest verschließbares Glasgefäß (zum Beispiel ein Einmachglas) füllen. Mit dem Rum übergießen.

Das Gefäß fest verschließen und die ersten 8 Tage in der Sonne oder zumindest unter Einfluss des Tageslichtes ziehen lassen. Anschließend an einen dunklen, mäßig warmen Ort stellen und weitere etwa 2 Monate ziehen lassen.

Den Punsch durch ein Sieb gießen, um die festen Bestandteile herauszufiltern, und über zerstoßenem Eis servieren.

Guavenpunsch

Zubereitung: 10 Minuten • Ziehen (Mazerieren): etwa 2 Monate • Ergibt 1 Liter

500 g sehr reife Guaven
150 g feiner Zucker
1 l weißer Rum

Die Guaven gründlich waschen und in jeweils vier Stücke schneiden. Mit dem Zucker in ein großes Einmachglas füllen und den Rum zugießen.

Das Glas fest verschließen und die ersten 8 Tage in der Sonne oder zumindest im Tageslicht ziehen lassen. Anschließend an einem dunklen, mäßig warmen Ort weitere etwa 2 Monate ziehen lassen.

Mombinpunsch

Zubereitung: 10 Minuten • Ziehen (Mazerieren): etwa 2 Monate • Ergibt 1 Liter

500 g Mombinpflaumen
(monbin*)
150 g Rohrzucker
1 l weißer Rum (50 % Vol)

Die Mombinpflaumen gründlich waschen und jeweils mit einigen kleinen Einschnitten versehen. Die Früchte mit dem Zucker in ein großes Einmachglas füllen und mit dem Rum übergießen.

Das Glas fest verschließen und die ersten 8 Tage in der Sonne oder zumindest im Tageslicht ziehen lassen. Anschließend an einen dunklen, mäßig warmen Ort stellen und weitere etwa 2 Monate ziehen lassen.

Milder Chilipunsch

Zubereitung: 10 Minuten • Ziehen (Mazerieren): etwa 3 Monate • Für 4 Personen

500 g sehr milde Chilis
(piments végétariens*)
200 g feiner Zucker
1 l weißer Rum (50 % Vol)

Die Chilis der Länge nach halbieren und mit dem Zucker in ein großes Einmachglas füllen. Den Rum zugießen und das Glas fest verschließen.

Den Punsch 10 Tage in der Sonne oder im Tageslicht ziehen lassen. Anschließend an einen dunklen, mäßig warmen Ort stellen und weitere etwa 3 Monate ziehen lassen. Kalt servieren.

Ambarellapunsch

Vorbereitung: 20 Minuten • Ziehen (Mazerieren): 1 Monat • Für 4 Personen

400 g Ambarella*
(Balsampflaumen)
150 g feiner Zucker
1,5 l weißer Rum (50 % Vol)

Die Balsampflaumen waschen, einschneiden und in einem Topf mit dem Zucker und 200 Milliliter Wasser vermengen. Zum Kochen bringen und 10 Minuten garen. Abkühlen lassen.

Die Mischung in ein oder mehrere Einmachgläser füllen und mit dem Rum auffüllen.

Die Gläser an einen dunklen, mäßig warmen Ort stellen und den Punsch 1 Monat ziehen lassen. Mit zerstoßenem Eis servieren.

Tamarindenpunsch

Zubereitung 15 Minuten • Ziehen (Mazerieren): 1 Monat • Für 4 Personen

500 g Tamarinden* (indische
Datteln)
200 g feiner Zucker
1 l weißer Rum (50 % Vol)

Die Tamarinden schälen und in einem Topf mit dem Zucker und 200 Milliliter Wasser vermengen. Zum Kochen bringen und 10 Minuten garen. Abkühlen lassen.

Die Mischung in ein oder mehrere Einmachgläser füllen und mit dem Rum auffüllen.

Die Gläser an einen dunklen, mäßig warmen Ort stellen und den Punsch 1 Monat ziehen lassen. Abseihen und mit zerstoßenem Eis servieren.

Anmerkung: Anstelle der frischen Tamarinden kann auch fertiges Tamarindenmark verwendet werden.

Babettes Pina Colada

Zubereitung: 20 Minuten • Pro Person

1 Baby-Ananas
30 ml ungesüßte Kokosmilch
4 cl weißer Rum
15 g feiner Zucker
2 Prisen gemahlener Zimt,
plus Zimt zum Bestreuen
(nach Belieben)
½ TL Vanillezucker
Zerstoßenes Eis

Die Ananas schälen und das holzige Herz herauslösen. Das Fruchtfleisch in kleine Stücke schneiden und im Mixer pürieren. Das Püree über einer Schüssel in ein sauberes Küchentuch schlagen und so viel Saft wie möglich herauspressen.

Den Ananassaft, die Kokosmilch, den Rum, den Zucker, Zimt und den Vanillezucker mit zerstoßenem Eis im Mixer pürieren. In ein Glas abseihen, nach Belieben mit etwas Zimt bestreuen und kalt servieren.

Glühwein

Zubereitung: 15 Minuten • Für 6 Personen

500 ml roter Bordeauxwein
1 Zimtstange
2 Gewürznelken
Etwas frisch geriebene
Ingwerwurzel
1 Streifen von der Schale
einer Limette
1 unbehandelte Orange
50 g feiner Zucker
10 cl weißer Rum

In einem Topf den Wein, den Zimt, die Nelken, den Ingwer, die Limetten-schale, die samt Schale in Scheiben geschnittene Orange und den Zucker langsam erhitzen, aber nicht aufkochen. Den Wein 5–6 Minuten ziehen lassen.

Den heißen Glühwein durch ein Sieb gießen, um die festen Bestand-teile herauszufiltern, und in Gläser füllen. Den Rum zugießen und heiß servieren.

Caresse des Antilles
(Liebkosung der Antillen)

Zubereitung: 10 Minuten • Für 6 Personen

250 ml Bananensaft
250 ml Passionsfruchtsaft
250 ml Guavensaft
250 ml Ananassaft
3 EL Mandelsirup
3 EL Grenadine
(Granatapfelsirup)
Abgeriebene Schale von
1 unbehandelten Limette

Sämtliche Säfte in einen Krug oder eine große Bowlenschüssel füllen. Den Mandelsirup, die Grenadine und die Limettenschale einrühren und kalt servieren.

Planteur (Planter's Punch von den
Karibischen Inseln)

Zubereitung: 15 Minuten • Für 10 Personen

250 ml Guavensaft
250 ml Bananensaft
250 ml Grapefruitsaft
250 ml Passionsfruchtsaft
250 ml Ananassaft
250 ml Orangensaft
50 cl alter Rum
3 EL Grenadine (Granat-
apfelsirup)
4 EL Zuckerrohrsirup
1 Prise gemahlener Zimt
1 EL Angostura
3 Passionsfrüchte
1 unbehandelte Orange
1 unbehandelte Limette

Die Fruchtsäfte in einem Krug oder einer großen Bowlenschale mischen. Den Rum, die Grenadine, den Zuckerrohrsirup, den Zimt und den Angostura zugeben und alles gut verrühren.

Die Passionsfrüchte halbieren, das Fruchtfleisch herauslösen und in den Saft einrühren. Die Orange und die Limette in Scheiben schneiden und in den Fruchtsaft geben. Den Planteur kalt stellen. Auf Eis servieren.

Madiana

Zubereitung: 10 Minuten • Für 4 Personen

4 saftige Orangen
4 Grapefruit
2 Limetten
3 EL Zucker
Einige Blätter frische Minze

Den Saft der Zitrusfrüchte auspressen und in einen Krug füllen. Den Zucker und 500 Milliliter Wasser zugeben und gut verrühren. Kalt stellen. Mit den in feine Streifen geschnittenen Minzeblättern garnieren und servieren.

Ananas-Shake

Zubereitung: 10 Minuten • Für 4 Personen

2 große, reife Ananas
1 l Milch
80 g feiner Zucker
5 Eiswürfel, zerstoßen
1 EL Grenadine
(Granatapfelsirup)

Die Ananas schälen und vom holzigen Herz befreien. Das Fruchtfleisch grob würfeln und mit der Milch, dem Zucker und dem Eis 1 Minute im Mixer pürieren. Die Mischung durch ein Sieb passieren und in Gläser füllen. Mit etwas Grenadine abrunden und kalt servieren.

Bananen-Shake

Zubereitung: 10 Minuten • Für 4 Personen

350 g Bananen
1 l Milch
½ EL abgeriebene Schale
von 1 unbehandelten Limette
3 EL feiner Zucker
1 TL Vanillezucker
5 Eiswürfel

Die Bananen schälen und in Stücke schneiden. Mit der Milch, der Limettenschale, dem Zucker, Vanillezucker und den Eiswürfeln im Mixer 1 Minute pürieren, bis die Mischung glatt ist. In Gläser füllen und kalt servieren.

Passionsfrucht-Shake

Zubereitung: 15 Minuten • Für 6 Personen

400 g Passionsfrüchte
1 l Milch
80 g feiner Zucker, plus
Zucker zum Abschmecken
(nach Belieben)
1 EL abgeriebene Schale von
1 unbehandelten Zitrone
5 Eiswürfel

Die Passionsfrüchte halbieren und das Fruchtfleisch mit den Kernen herauslösen. Im Mixer mit der Milch, dem Zucker und der Zitronenschale 1–2 Minuten pürieren. Die Mischung dreimal durch ein feines Sieb passieren, bis sämtliche schwarzen Körner herausgefiltert sind. Die Mischung mit den Eiswürfeln ein weiteres Mal aufmixen, nach Belieben noch etwas nachsüßen und sofort servieren.

Papaya-Shake

Zubereitung: 10 Minuten • Für 4 Personen

400 g ganz reife Papayas
1 l Milch
80 g feiner Zucker
2 EL Limettensaft
1 EL abgeriebene Schale von
1 unbehandelten Limette
Mark von ½ Vanilleschote
5 Eiswürfel

Die Papayas schälen und von den schwarzen Kernen befreien. Das Fruchtfleisch grob würfeln und in der Küchenmaschine mit der Milch, dem Zucker, dem Limettensaft, der Limettenschale, dem Vanillemark und den Eiswürfeln 1 Minute mixen. Anschließend durch ein Sieb passieren und eisgekühlt servieren.

Schrub

Zubereitung: 10 Minuten • Ziehen (Mazerieren): 2 Monate • Ergibt 1 Liter

Schale von 4 unbehandelten
Orangen
200 g feiner Zucker
1 l weißer Rum (50 % Vol)

Die Orangenschale 1 Woche in der Sonne trocknen lassen. Sobald sie ganz trocken ist, in kleine Stücke zerteilen und in ein Einmachglas geben. (Sie können sich diesen Arbeitsschritt natürlich sparen, indem Sie bereits getrocknete Orangenschalen kaufen.)

Aus dem Zucker und 150 Milliliter Wasser einen Zuckersirup kochen. Den Sirup über die Orangenschalen gießen. Den Rum zugeben und die Mischung zunächst 10 Tage in der Sonne oder zumindest im Tageslicht ziehen lassen, dann für weitere etwa 2 Monate an einen mäßig warmen Ort stellen. Ohne Eis in kleinen Gläsern servieren.

Ananassaft

Zubereitung: 10 Minuten • Für 6 Personen

2 große, reife Ananas
80 g feiner Zucker

Die Ananas schälen und von ihrem holzigen Herz befreien. Das Fruchtfleisch grob würfeln und im Mixer mit 1 Liter Wasser und dem Zucker
pürieren. Den Saft durch ein Sieb passieren und kalt servieren.

Passionsfruchtsaft

Zubereitung: 10 Minuten • Für 6 Personen

400 g Passionsfrüchte
80 g feiner Zucker

Die Passionsfrüchte halbieren, das Fruchtfleisch herauslösen und im
Mixer mit 250 Milliliter Wasser und dem Zucker in 2–3 Minuten pürieren.

Den Saft mehrmals durch ein feines Sieb passieren, bis keine körnigen
Bestandteile mehr darin enthalten sind. Den Saft kalt servieren und je
nach Geschmack nachsüßen.

Ingwersaft

Zubereitung: 20 Minuten • Für 4 Personen

150 g frische Ingwerwurzel
80 g feiner Zucker

Den Ingwer schälen, reiben und im Mixer mit dem Zucker und 200 Milliliter Wasser in 2–3 Minuten pürieren.

Die Ingwermischung mit 1 Liter kochendem Wasser übergießen. Mit einem Tuch bedecken und ziehen lassen, bis die Flüssigkeit erkaltet ist. Den Ingwersaft durch ein ganz feines Sieb passieren und im Kühlschrank durchkühlen lassen. Kalt servieren und nach Geschmack noch etwas nachsüßen.

ANHANG

GLOSSAR

Ambarella; Balsampflaume: Die rundliche Frucht mit gelber bis orangefarbener Schale erinnert im Geschmack an Ananas. In der Karibik werden Balsampflaumen häufig zu Konfitüre und im unreifen, noch grünen Zustand zu Saft verarbeitet. Auf den Antillen nennt man sie *prunes de Cythère* (Cythera-Pflaumen).

Angostura: Ein Bitterlikör, der aus den Schalen von Zitrusfrüchten, Gewürznelken, Kardamom, Zimt, Chinin und anderen Substanzen hergestellt wird. Die genaue Rezeptur ist geheim. Auf den Karibischen Inseln verwendet man Angostura häufig anstelle von Zimt.

Bélangère: Eine auf den Antillen beheimatete Auberginensorte von gedrungener Form mit weißen Furchen. Jede andere Sorte kann sie ersetzen.

Beurre rouge: Mit gemörserten Annatto-Samen (*roucou*) rot eingefärbtes Pflanzenöl, das als Würzmittel verwendet wird. In der mexikanischen Küche gibt es eine ähnliche Gewürzpaste namens *achiote*, die in Tex-Mex-Läden erhältlich und als Ersatz geeignet ist. Man kann aber auch selbst Pflanzenöl mit zerstoßenem Annatto einfärben.

Blaff: Eine sehr würzige Court-Bouillon, die für viele Fisch- und Meeresfrüchtezubereitungen verwendet wird und auch häufig dem Gericht selbst ihren Namen gibt.

Bois bandé: Auch *bois d'homme* genannt. Die Rinde eines auf den Antillen verbreiteten Baumes (*Richeria grandis*). Sie gilt als wirkungsvolles Potenzmittel und Aphrodisiakum. In Deutschland ist *bois bandé* (wörtlich: »erigiertes Holz«) als Potenzholz bzw. Muira Puama bekannt.

Brotfrucht: Der Brotfruchtbaum ist in den gesamten Tropen verbreitet. Seine Früchte (*fruits à pain*) bringen bis zu 2 Kilogramm auf die Waage. Ihr nahrhaftes, saftiges Fruchtfleisch wird als vielseitiges Gemüse geschätzt.

Chadron: Regionale Bezeichnung für den Seeigel.

Chatrou: Kreolischer Name für den Kraken.

Christophine: Bei uns ist diese stärkereiche Frucht als Chayote bekannt. Sie gehört zu den Kürbisgewächsen, hat eine grüne bis gelbe, etwas runzelige Schale und sehr festes Fruchtfleisch. In der kreolischen Küche ist sie ein beliebtes Gemüse. Zubereitet werden Chayoten wie Kartoffeln oder Kohlrabi.

Colombo: Diese Gewürzmischung ist gewissermaßen der Curry der Karibik. Sie besteht unter anderem aus Kurkuma, Chili, Koriander, Senfsamen und Knoblauch. Wie Curry gibt auch das Colombo vielen Gerichten seinen Namen.

Feuilles de madère; dachine: Die essbaren Blätter einer stärkereichen Knolle, die bei uns als Taro bekannt ist. Das in den Tropen wichtige Grundnahrungsmittel heißt auf Martinique *dachine* und auf Guadeloupe *madère*. In Europa wird Taro nur auf Zypern angebaut. Die Blätter werden wie Spinat zubereitet und lassen sich meist auch durch diesen ersetzen.

Giraumon: Dieser festfleischige Kürbis ist in der Karibik zu Hause und in der kreolischen Küche eine feste Größe. Hierzulande heißt er »Türkenturban«. Ein herkömmlicher Gartenkürbis bietet eine passable Alternative.

Graines à roussir: Eine Gewürzmischung aus Bockshornklee, Kreuzkümmel und gelbem Senf, die typisch für die Küche der Antillen ist und vor allem beim scharfen Anbraten und Bräunen – *roussir* – von Fleisch zum Einsatz kommt.

Julie-Mango: Die oval geformte, an den Enden leicht abgeflachte grün-rote Mango ist praktisch frei von holzigen Fasern und darum in Küche und Bar sehr beliebt.

Karibische Landkrabbe: Das leicht süßliche Fleisch dieser auf den Antillen auch *tourlourou* genannten Landkrabbe wird häufig mit dem der Blaukrabbe verglichen. Sie kommt von Florida über die gesamte Karibik bis Brasilien vor. Alternativen bieten alle hiesigen Krabbenarten wie zum Beispiel der Taschenkrebs.

Kochbanane: Sie ist auch als Plante oder Gemüsebanane bekannt und nicht zum Rohverzehr geeignet. Ihre Farbe wechselt mit zunehmender Reife von Hellgrün über Gelb bis zu Schwarz. In Ermangelung von Kochbananen kann man auch zu unreifen Obstbananen greifen (siehe auch *ti'figue*).

Lambi: Die Riesenflügelschnecke, auch Conch genannt, gilt in der ganzen Karibik als Delikatesse, wird allerdings immer seltener. Auf dem europäischen Markt ist sie kaum zu finden. Das senfgelbe Fleisch der Schnecken muss vor dem Garen gehäutet und zart geklopft werden. Als Behelf lassen sich auch andere Flügelschnecken, etwa Fechterschnecken, aber auch Wellhornschnecken, Abalone oder die in Italien beliebten »Herkuleskeulen« verwenden.

Madère: siehe *feuilles de madère*

Malanga: Die auf den Antillen *malanga* genannte Tannia-Knolle ist von Taro kaum zu unterscheiden. Ebenso wie jene ist sie sehr stärkehaltig und ein wichtiges Grundnahrungsmittel in den Tropen.

Massalé: Eine ursprünglich von der Insel Réunion stammende Gewürzmischung in Pulver- oder Pastenform. Sie enthält Koriander, Kreuzkümmel, Bockshornklee, Senfkörner, Gewürznelken und Kurkuma. Indisches Garam Masala, als Pulver oder fertig angerührte Paste, ist eine geeignete Alternative.

Monbin: Die im Deutschen Mombinpflaume oder Jamaikapflaume genannte Frucht schmeckt süßsauer und ist von intensivem Duft. Botanisch ist sie mit der Balsampflaume (Ambarella) verwandt.

Ouassou: Ihr deutscher Name – Giganten-Flussgarnele – bringt es auf den Punkt. Denn mit bis zu 25 cm Länge ist dieses in den Flüssen Guadeloupes zu findende Krustentier in der Tat ein Gigant unter den Garnelen. Auf Martinique heißt sie *z'habitant*. Die Rosenberg-Garnele, eine in Größe und Statur ähnliche Süßwassergarnele aus dem indopazifischen Raum, die häufig irreführend als »Hummerkrabbe« angeboten wird, liefert Ersatz.

Piment antillais: Sehr scharfer, lampionförmiger Chili von hellgrüner bis roter Färbung. (Schärfegrad 9–10). Er ist praktisch identisch mit den überall in der Karibik verbreiteten Habanero- oder Scotch-Bonnet-Chilis.

Warnung: Bei der Verarbeitung von Habanero-Chilis – wie bei allen besonders feurigen Schoten – ist große Vorsicht angebracht. Ratsam ist das Tragen von Gummihandschuhen. Vermeiden Sie in jedem Fall Kontakt mit den Augen und anderen empfindlichen Körperpartien. Bedenken Sie auch, dass die in den Rezepten verwendeten Chilidosen für manchen mitteleuropäischen Gaumen zu hoch sind. Reduzieren Sie die Menge ruhig entsprechend oder greifen Sie zu weniger scharfen Sorten. Chilis lassen sich zudem ein wenig entschärfen, indem man zunächst die Samen entfernt.

Piment oiseau: Hierzulande als Vogelaugen-Chili, Bird Chili oder Bird's Eye bekannt. Er ist winzig klein, im reifen Zustand leuchtend rot und höllisch scharf (Schärfegrad 8–9). Darum nennen ihn die Antillianer auch *piment enragé* (frei: »wutentbrannter Chili«). Etwas weniger feurigen Ersatz liefern Jalapeños (Schärfegrad 5–6).

Piment végétarien: Ein etwa 5 cm langer, spitz zulaufender roter Chili ohne jegliche Schärfe. Ersatzweise kann man zu milden Peperoncini oder Anaheim-Chilis greifen.

Quatre-épices: Eine klassische französische Gewürzmischung, die aus schwarzem Pfeffer, Muskatnuss, Gewürznelken und Ingwer besteht.

Riesengranadilla: Wegen ihrer melonenähnlichen Form wird sie auch Melonen-Granadilla genannt. Auf den Antillen heißt sie *barbadine*. Der Pflanzenwurzel wird eine narkotische Wirkung nachgesagt, doch das süßsäuerliche Fleisch der Frucht kann man bedenkenlos essen.

Souskaï: Eine Art kreolische »Kaltschale« mit Früchten, die eine Weile in Limettensaft, Salz und Knoblauch ziehen müssen. Aber auch der kreolische Rumtopf (in Rum eingelegte tropische Früchte) wird zuweilen *souskaï* genannt.

Straucherbse: Sie wird auch als Erbsenbohne oder Taubenerbse bezeichnet. Sie wird auf den Antillen vor allem in der Weihnachtszeit sehr geschätzt. Man kann sie durch herkömmliche Erbsen ersetzen. Frisch ist sie in Europa nur selten zu finden. Bei getrockneter Ware ist es ratsam, die Erbsen 24 Stunden einzuweichen.

Tamarinde: Das Mark der auch als indische Dattel bekannten Frucht schmeckt säuerlich. Es wird zu einer sofort löslichen Paste oder zu gepressten Blöcken verarbeitet (im Asia-Markt erhältlich) und als Gewürz und Säuerungsmittel eingesetzt.

Ti'figue: Leuchtend grüne Kochbanane, die auf Martinique auch *ti'nain* genannt wird.

Wasabi: Japanischer Meerrettich, der als hellgrünes Pulver oder als fertig angerührte Paste angeboten wird. Echter Wasabi ist sehr scharf. Erhältlich ist er im Asia-Markt.

Zuckerrohrsirup: ein heller, aus konzentriertem Zuckerrohrsaft gewonnener Sirup, der auf den Antillen *sirop de batterie* genannt wird. In der US-Küche kennt man ihn als *Golden Syrup*. Unter dieser Bezeichnung ist er auch hier im Handel zu finden.

VERZEICHNIS DER REZEPTE

FISCH & MEERESFRÜCHTE
Klippfischbällchen à la Babette 18
Garnelenbällchen 20
Knusprige Klippfischsäckchen 22
Pikante Garnelensäckchen 24
Frittierte Tintenfischringe 26
Gegrillte Fischspießchen mit
  Limetten-Wasabi-Dressing 28
Teigsäckchen mit dreierlei Fisch 30
Knusprige Garnelensäckchen mit
  würzigem Sud 32
Gebackene Garnelenschwänze mit
  Meeresfrüchte-Creme 34
Klippfisch-Chiquetaille mit
  Gurkensalat 36
Knusprige Teigtaschen mit Krabben-
  Langusten-Füllung 38
Bananenblüten gefüllt mit
  Meeresfrüchten 40
Meeresfrüchte-Gratin mit
  Zitronengras 42
Überbackene Chayoten mit Krabben-
  füllung, Chili und Honig 44
Überbackene Venusmuscheln auf
  kreolische Art 46
Klippfisch-Gurken-Törtchen mit
  Avocadocreme 48
Garnelenmousse im Ei 50
Frittierte Haifischstäbchen mit
  scharfer Mayonnaise 52
Krabben-Windbeutel mit
  Meeresfrüchte-Safrancreme 54
Marinierte Meeresschnecken mit
  süßsaurer Sauce 56
Gebratene Riesengarnelen mit
  Kräutern und Sternfruchtpüree 58
Gefüllte Krabben 60
Klippfischküchlein mit Kokos 62
Karibisches Fisch-Barbecue 64
Blaff d'Ouassous (Garnelen im
  Limettensud) 66
Fischsuppe mit Chili 68
Blaff d'Oursins (Seeigel im
  Limetten-Kräuter-Sud) 70
Marinierter Snapper im Limettensud
  mit Jamspüree 72
Schwertfischragout nach Art der
  Antillen 74
Schwertfisch in Limetten-Kokos-
  Marinade mit Mango und grünem
  Salat 76
Gebratene Meerbrassenfilets
  mit Knoblauch und Passions-
  fruchtcreme 78
Knusprig gebratenes Snapperfilet
  mit Kürbissauce 80
Langustenschwänze in Tomaten-
  Limettensud 82

Garnelen-Hähnchenpfanne mit Chili 84
Medaillons von rotem Thunfisch
  mit Riesengarnelen und karamelli-
  sierten Mangos 86
Haifisch-Colombo mit grünen
  Tomaten 88
Überbackene Chayoten mit
  Jakobsmuscheln 90
Meeresschnecken-Ravioli in Krabben-
  Tomatensauce 92
Kreolischer Meeresfrüchterisotto 94
Geschmorter Krake in Tomaten-
  sauce mit feinen Kräutern und
  Limettensaft 96
Gefüllte Schwertfischsteaks mit
  Wasabi-Sauce 98
Spaghetti mit Meeresfrüchten
  und jungem Gemüse 100
Gebratene Thunfisch-Tournedos
  mit pikanter Garnelensauce 102
Haifisch im Limettensud mit Mehl-
  klößchen 104
Krabben-Matoutou 106
Kreolische Paella 108
Macadam 110
Klippfisch nach Art von Martinique 112

FLEISCH & GEFLÜGEL
Marinierte Hähnchenschlegel 126
Kreolische Fleischpasteten 128
Hähnchenspieße mit Kreuzkümmel 130
Rindfleischsuppe nach Groß-
  mutterart 132
Kalbsfußeintopf mit Nudeln 134
Rindfleischeintopf mit Gemüse 136
Pökelfleischeintopf mit Gemüse
  und Kochbananen 138
Ti'salé (Pökelfleisch) mit Kohl 140
Schweine-Colombo mit Zucchini
  und Auberginen 142
Wildschweinkeule nach Art von
  Guayana 144
Babettes Schweineragout nach
  Art der Antillen 146
Geschmorte Schweinebäckchen
  nach Art der Karibik 148
Weihnachtsschinken mit Ananas 150
Migan (Brotfrucht-Eintopf mit
  Colombo) 152
Cassoulet nach Art der Antillen 154
Rinderragout mit Gemüse 156
Entrecôte nach Art von
  Guadeloupe 158
Kalbskotelett mit gerösteten
  Schalotten 160
Lammragout mit Wasabi-
  Kurkuma-Creme und Pistazien 162
Pikante Lammspieße 164

Gebratene Hähnchenbrust in
  Kokos-Zimt-Sauce 166
Geschmorte Hähnchenkeulen
  mit Colombo 168
Hähnchenkeulen mit Sauce Chien 170
Hähnchenragout mit frittierten
  Süßkartoffeln 172
Geschmortes Huhn mit Ingwer 174
Hähnchenbrust mit Auberginen in
  Colombo-Sauce 176
Kaninchen in Senf-Kakao-Creme 178
Geschmortes Zicklein 180
Hirschragout mit Guavengelee 182
Gebratene Entenbrust mit
  Mangokonfitüre 184
Kutteln nach Art der Antillen 186

GEMÜSE ... ODER FRÜCHTE?
Souskaï (Kalte Mangosuppe) 202
Calalou 204
Jamssuppe mit Curry 206
Frittierte Kürbis-Malanga-
  Bällchen 208
Avocado-Klippfisch-Püree
  nach Art von Martinique 210
Jamskroketten 212
Jams frites 214
Kürbispüree nach Großmutterart 216
Bananen-Gratin 218
Kreolische rote Bohnen 220
Straucherbsen mit Speck 222
Jamspüree mit Safran 224
Kreolischer Reis 226
Reis mit roten Bohnen 226
Reis mit Linsen 226

SAUCEN
Meeresfrüchte-Safrancreme 234
Süßsaure Sauce mit Chili 234
Würzige Zwiebelsauce 234
Feurige Sauce à la Babette 236
Kreolische Mayonnaise 236
Tomaten-Ingwer-Sauce 236
Sauce Chien 238
Marinade für Fisch 240
Marinade für Fleisch
  und Geflügel 240

DESSERTS & SÜSSIGKEITEN
Flambierte Bananen mit
  altem Rum 244
Karnevalskrapfen mit Vanille 246
Mango-Ananas-Kaltschale mit Rum 248
Schneeweiße Kokoscreme 250
Vier-Gewürze-Kuchen mit Ingwer 252
Gebrannte Creme 254
Kokosflans mit Karamellsauce 256
Flambierte Mangosäckchen 258

Schokoladenkuchen 262
Süßkartoffelpudding mit
exotischer Fruchtsauce 264
Tausend-Blätter-Kuchen mit
Süßkartoffelcreme 266
Mango-Passionsfrucht-Creme 268
Frittierte Kokosröllchen mit
Ananascoulis 270
Papayasalat mit Himbeeren
und Minze 272
Tourment d'Amour 274
Tarte Tatin mit Chayoten
und Honig 276
Rum-Granita mit Limettensaft
und Estragon 278
Bananenkuchen mit Schokolade 284
Kokossorbet 288
Passionsfruchtsorbet 290
Kokos-Maniok-Fladen 292
Kokosbonbons nach Art
von Réunion 294
Kokospralinen mit roter
und grüner Haube 296
Kreolische Zuckerlollis 298
Kilibibi (Kreolisches Popcorn) 300
Kokos-Lokio (Kokoskrokant) 302
Kokosplätzchen 304
Kokoskonfekt 306
Bananenkonfitüre 308
Barbadinekonfitüre 308
Kokoskonfitüre 308
Mangokonfitüre 312
Papayakonfitüre 312
Süßkartoffelkonfitüre 312
Guavengelee 314
Johannisbeergelee 314

TI'PUNCH & CO.
Punsch Babette 324
Traditioneller Ti'Punch
von Guadeloupe 326
Liebespunsch 328
Kokospunsch 328
Passionsfruchtpunsch 328
Ingwerpunsch 330
Guavenpunsch 330
Mombinpunsch 330
Milder Chilipunsch 332
Ambarellapunsch 332
Tamarindenpunsch 332
Babettes Pina Colada 334
Glühwein 336
Caresse des Antilles
(Liebkosung der Antillen) 336
Planteur (Planter's Punch
von den Karibischen Inseln) 336
Madiana 340
Ananas-Shake 342
Bananen-Shake 342
Passionsfrucht-Shake 342
Papaya-Shake 342
Schrub 346
Ananassaft 348
Passionsfruchtsaft 348
Ingwersaft 350

VERZEICHNIS DER REZEPTE
NACH ZUTATEN

Ananas
Weihnachtsschinken mit Ananas 150
Mango-Ananas-Kaltschale
mit Rum 248
Frittierte Kokosröllchen mit
Ananascoulis 270

Avocado
Avocado-Klippfisch-Püree nach
Art von Martinique 210

Bananen
Bananen-Gratin 218
Flambierte Bananen mit altem
Rum 244
Bananenkuchen mit Schokolade 284
Bananen-Shake 342

Barbadine
Barbadinekonfitüre 308
Brotfrucht
Migan (Brotfrucht-Eintopf mit
Colombo) 152

Chayoten
Überbackene Chayoten mit
Krabbenfüllung, Chili und Honig 44
Überbackene Chayoten mit
Jakobsmuscheln 90
Tarte Tatin mit Chayoten
und Honig 276

Entenbrust
Gebratene Entenbrust mit
Mangokonfitüre 184

Fisch (siehe auch Klippfisch, Thunfisch)
Gegrillte Fischspießchen mit
Limetten-Wasabi-Dressing 28
Teigsäckchen mit dreierlei Fisch 30
Frittierte Haifischstäbchen mit
scharfer Mayonnaise 52
Karibisches Fisch-Barbecue 64
Fischsuppe mit Chili 68
Marinierter Snapper im
Limettensud mit Jamspüree 72
Haifisch-Colombo mit grünen
Tomaten 88
Schwertfischragout nach Art der
Antillen 74
Schwertfisch in Limetten-Kokos-
Marinade mit Mango und grünem
Salat 76
Gebratene Meerbrassenfilets
mit Knoblauch und Passions-
fruchtcreme 78
Knusprig gebratenes Snapperfilet
mit Kürbissauce 80
Gefüllte Schwertfischsteaks mit
Wasabi-Sauce 98
Haifisch im Limettensud mit
Mehlklößchen 104

Garnelen
Garnelenbällchen 20
Pikante Garnelensäckchen 24
Knusprige Garnelensäckchen mit
würzigem Sud 32
Gebackene Garnelenschwänze
mit Meeresfrüchte-Creme 34
Garnelenmousse im Ei 50
Gebratene Riesengarnelen mit
Kräutern und Sternfruchtpüree 58
Blaff d'Ouassous (Garnelen im
Limettensud) 66
Garnelen-Hähnchenpfanne
mit Chili 84
Medaillons von rotem Thunfisch
mit Riesengarnelen und kara-
mellisierten Mangos 86
Kreolischer Meeresfrüchte-
risotto 94
Spaghetti mit Meeresfrüchten
und jungem Gemüse 100
Kreolische Paella 108

Gemüse, gemischtes
Spaghetti mit Meeresfrüchten
und jungem Gemüse 100
Rindfleischeintopf mit Gemüse 136
Pökelfleischeintopf mit Gemüse
und Kochbananen 138
Rinderragout mit Gemüse 156

Guave
Hirschragout mit Guavengelee 182
Guavengelee 314
Guavenpunsch 330

Hähnchen
Garnelen-Hähnchenpfanne
mit Chili 84
Kreolische Paella 108
Marinierte Hähnchenschlegel 126
Hähnchenspieße mit Kreuz-
kümmel 130
Gebratene Hähnchenbrust in
Kokos-Zimt-Sauce 166
Geschmorte Hähnchenkeulen
mit Colombo 168
Hähnchenkeulen mit Sauce Chien 170
Hähnchenragout mit frittierten
Süßkartoffeln 172
Geschmortes Huhn mit Ingwer 174
Hähnchenbrust mit Auberginen
in Colombo-Sauce 176

Hirsch
Hirschragout mit Guavengelee 182

Hülsenfrüchte
Kreolische rote Bohne 220
Reis mit roten Bohnen 226
Reis mit Linsen 226

Ingwer
Liebespunsch 328
Ingwerpunsch 330
Ingwersaft 350

Jams
Jamssuppe mit Curry 206
Jamskroketten 212
Jams frites 214
Jamspüree mit Safran 224

Kalb
Kalbsfußeintopf mit Nudeln 134
Kalbskotelett mit gerösteten
Schalotten 160

Kaninchen
Kaninchen in Senf-Kakao-Creme 178

Klippfisch
Klippfischbällchen à la Babette 18
Knusprige Klippfischsäckchen 22
Klippfisch-Chiquetaille mit
Gurkensalat 36
Klippfisch-Gurken-Törtchen mit
Avocadocreme 48
Klippfischküchlein mit Kokos 62
Macadam 110
Klippfisch nach Art von Martinique 112

Kokosmilch
Gebratene Hähnchenbrust in
Kokos-Zimt-Sauce 166
Schneeweiße Kokoscreme 250
Kokosflans mit Karamellsauce 256
Babettes Pina Colada 334

Kokosnuss
Klippfischküchlein mit Kokos 62
Frittierte Kokosröllchen mit
Ananascoulis 270
Tourment d'Amour 274
Kokos-Maniok-Fladen 292
Kokosbonbons nach Art von
Réunion 294
Kokospralinen mit roter und
grüner Haube 296
Kokos-Lokio (Kokoskrokant) 302
Kokosplätzchen 304
Kokoskonfekt 306
Kokoskonfitüre 308
Kokospunsch 328

Krabben
Überbackene Chayoten mit
Krabbenfüllung, Chili und Honig 44
Krabben-Windbeutel mit
Meeresfrüchte-Safrancreme 54
Gefüllte Krabben 60
Gefüllte Schwertfischsteaks mit
Wasabi-Sauce 98
Krabben-Matoutou 106
Meeresfrüchte-Safrancreme 234

Krake
Geschmorter Krake in Tomaten-
sauce mit feinen Kräutern und
Limettensaft 96
Kreolische Paella 108

Kürbis
Knusprig gebratenes Snapperfilet
mit Kürbissauce 80

Frittierte Kürbis-Malanga-
Bällchen 208
Kürbispüree nach Groß-
mutterart 216

Kutteln
Kutteln nach Art der Antillen 186

Lamm
Lammragout mit Wasabi-
Kurkuma-Creme und Pistazien 162
Pikante Lammspieße 164

Languste
Knusprige Teigtaschen mit
Krabben-Langusten-Füllung 38
Meeresfrüchte-Gratin mit
Zitronengras 42
Langustenschwänze in Tomaten-
Limettensud 82

Malanga
Frittierte Kürbis-Malanga-
Bällchen 208

Mango
Schwertfisch in Limetten-Kokos-
Marinade mit Mango und
grünem Salat 76
Medaillons von rotem Thunfisch
mit Riesengarnelen und kara-
mellisierten Mangos 86
Souskaï (Kalte Mangosuppe) 202
Mango-Ananas-Kaltschale
mit Rum 248
Flambierte Mangosäckchen 258
Mango-Passionsfrucht-Creme 268
Mangokonfitüre 312

Meeresfrüchte (siehe auch Garnelen,
Krabben, Muscheln)
Bananenblüten gefüllt mit
Meeresfrüchten 40
Meeresfrüchte-Gratin mit
Zitronengras 42
Krabben-Windbeutel mit
Meeresfrüchte-Safrancreme 54
Marinierte Meeresschnecken mit
süßsaurer Sauce 56
Blaff d'Oursins (Seeigel im
Limetten-Kräuter-Sud) 70
Meeresschnecken-Ravioli in
Krabben-Tomatensauce 92
Kreolischer Meeresfrüchterisotto 94
Spaghetti mit Meeresfrüchten
und jungem Gemüse 100
Kreolische Paella 108

Mombin
Mombinpunsch 330

Muscheln
Meeresfrüchte-Gratin mit
Zitronengras 42
Überbackene Venusmuscheln auf
kreolische Art 46
Überbackene Chayoten mit
Jakobsmuscheln 90

Oktopus siehe Krake

Ouassous siehe Garnelen

Papaya
Papayasalat mit Himbeeren
und Minze 272
Papayakonfitüre 312
Papaya-Shake 342

Passionsfrucht
Mango-Passionsfrucht-Creme 268
Passionsfruchtsorbet 290
Passionsfruchtpunsch 328
Caresse des Antilles
(Liebkosung der Antilles) 336
Planteur (Planter's Punch von
den Karibischen Inseln) 336
Passionsfrucht-Shake 342
Passionsfruchtsaft 348

Reis
Kreolischer Reis 226
Reis mit roten Bohnen 226
Reis mit Linsen 226
Riesengarnelen siehe Garnelen

Rind
Kreolische Fleischpasteten 128
Rindfleischsuppe nach
Großmutterart 132
Rindfleischeintopf mit Gemüse 136
Pökelfleischeintopf mit Gemüse
und Kochbananen 138
Ti'salé (Pökelfleisch) mit Kohl 140
Cassoulet nach Art der Antillen 154
Rinderragout mit Gemüse 156
Entrecôte nach Art von
Guadeloupe 158

Rum, brauner
Flambierte Bananen mit
altem Rum 244
Mango-Ananas-Kaltschale
mit Rum 248
Flambierte Mangosäckchen 258
Caresse des Antilles
(Liebkosung der Antilles) 336

Rum, weißer
Traditioneller Ti'Punch von
Guadeloupe 326
Liebespunsch 328
Kokospunsch 328
Passionsfruchtpunsch 328
Ingwerpunsch 330
Guavenpunsch 330
Mombinpunsch 330
Milder Chilipunsch 332
Ambarellapunsch 332
Tamarindenpunsch 332
Babettes Pina Colada 334
Glühwein 336
Schrub 346

Schokolade
Schokoladenkuchen 262
Bananenkuchen mit Schokolade 284

Schwein
Pökelfleischeintopf mit Gemüse
und Kochbananen 138
Schweine-Colombo mit Zucchini
und Auberginen 142
Wildschweinkeule nach Art von
Guayana 144
Babettes Schweineragout nach
Art der Antillen 146
Geschmorte Schweinebäckchen
nach Art der Karibik 148
Weihnachtsschinken mit Ananas 150
Migan (Brotfrucht-Eintopf mit
Colombo) 152

Schwertfisch siehe Fisch
Seeigel
Blaff d'Oursins (Seeigel im
Limetten-Kräuter-Sud) 70
Snapper siehe Fisch
Süßkartoffeln
Süßkartoffelpudding mit
exotischer Fruchtsauce 264
Tausend-Blätter-Kuchen mit
Süßkartoffelcreme 266
Süßkartoffelkonfitüre 312

Tamarinde
Tamarindenpunsch 332
Thunfisch
Medaillons von rotem Thunfisch
mit Riesengarnelen und kara-
mellisierten Mangos 86
Gebratene Thunfisch-Tournedos
mit pikanter Garnelensauce 102
Tintenfisch
Frittierte Tintenfischringe 26
Ziege
Geschmortes Zicklein 180

REQUISITEN

MUJI
Schüsseln, S. 23, 41, 71, 131, 253.
Schalen, S. 247, 249. **Gläser**, S. 327,
331, 338, 344. **Becher**, S. 337.
www.muji.de

IKEA
Teller, S. 25, 31, 51, 103, 111, 151, 174,
211, 215, 228, 245, 257, 265, 285,
349. **Schüsseln**, S. 43, 67, 78, 91,
99, 105, 139, 157, 159, 169, 171, 177,
183, 185, 203, 219. **Schalen**, S. 103,
169, 181, 183, 185, 239, 273.
Gläser, S. 329, 335, 341, 343, 349,
351. **Salatschüssel**, S. 339.
www.ikea.de

HABITAT
Teller, S. 29, 37, 47, 49, 55, 77, 83,
93, 95, 112, 181, 205, 221, 259,
263, 277, 305. **Schüsseln**, S. 33, 45,
81, 101, 109, 141, 155, 161, 167, 225,
229, 241, 265, 271. **Schalen**, S. 55,
227, 235, 237, 276. **Tasse**, S. 205.
Sauciere, S. 237.
www.habitat.net

ANTOINE & LILI
Servietten, S. 35, 83, 203, 280,
351. **Wachstücher**, S. 37, 51, 61, 95,
105, 141, 143, 147, 207, 213, 217, 223,
229, 243, 269, 279, 313, 315, 336,
343, 344, 348.
95, Quai-de-Valmy, 75010 Paris,
Tel.: 0033-0140374155.

LA SENSITIVE
Servietten, S. 73, 107, 167.
23, rue François-Miron, 75004 Paris
Tel.: 0033-0148876708.

Dank an Nicolas Delaby
für PILLIVUYT

Besuchen Sie Babette in ihrem
Restaurant: La Table de Babette,
32, rue de Longchamps, 75116 Paris.
Tel.: 0033-0145530007

Unser Verlagsprogramm finden
Sie unter www.christan-verlag.de

Die Originalausgabe mit dem Titel
Festins Créoles erschien erstmals bei
Marabout, © Marabout, Paris, 2006.

1. Auflage der Hardcoverausgabe 2012

© 2007 für die deutschsprachige
Ausgabe Christian Verlag GmbH,
München.

www.christian-verlag.de

Übersetzung: Helmut Ertl
Redaktion: Silvia Rehder
Korrektur: Petra Tröger

Umschlaggestaltung: Cornelia Niere
Satz und Layout: Wigel, München
Requisite: Emmanuelle Javelle
Überarbeitung: Virgine Mahieux

Vielen Dank an Élodie Rambaud und
Audrey Génin.

Gesamtherstellung Verlagshaus
Geranova Bruchmann GmbH

Alle deutschsprachigen Rechte
vorbehalten.

ISBN 978-3-86244-158-7

HINWEIS
Alle Informationen und Hinweise, die
in diesem Buch enthalten sind, wurden
von der Autorin nach bestem Wissen
erarbeitet und von ihr und dem Verlag
mit größtmöglicher Sorgfalt überprüft.
Unter Berücksichtigung des Produkt-
haftungsrechts müssen wir allerdings
darauf hinweisen, dass inhaltliche Fehler
oder Auslassungen nicht völlig auszu-
schließen sind. Für etwaige fehlerhafte
Angaben können Autorin, Verlag und
Verlagsmitarbeiter keinerlei Ver-
pflichtung und Haftung übernehmen.

Korrekturhinweise sind jederzeit
willkommen und werden gerne für
Neuauflagen berücksichtigt.